筑摩選書

平岡 聡
Hiraoka Satoshi

大乗経典の誕生

仏伝の再解釈でよみがえるブッダ

大乗経典の誕生——仏伝の再解釈でよみがえるブッダ　目次

【凡例】

(一) 歴史的 Buddha、すなわち釈迦牟尼《しゃかむに》(＝ガウタマ・シッダールタ＝ゴータマ・シッダッタ) 仏は「ブッダ」とカタカナ表記し、その他の Buddha は「仏」と漢字表記する。ただし、慣用表現については、「ブッダの滅後」ではなく「仏滅後」、「ブッダの弟子」ではなく「仏弟子」、「ブッダの伝記」ではなく「仏伝」と漢字で表記する。

(二) 経典名等の表記について、括弧《かっこ》(『 』や「 」) でくくらない場合は、その経典の総称を意味する。つまり、無量寿経《むりょうじゅきょう》はインド原典・チベット訳 (以下、蔵訳)・漢訳などをすべて含んだ総称、また『無量寿経』は康僧鎧《こうそうがい》訳の漢訳経典を意味し、両者を区別する。

(三) 本書では、①比較的初期に成立している、②インド原典が存在する、③後世の影響力が大きい、などの要素を満たす大乗経典を優先的に取りあげる。

(四) 原典の引用について、サンスクリット (以下、Skt.) がある場合は Skt. から、蔵訳と漢訳しかない場合は蔵訳から、漢訳しかない場合は漢訳から和訳する。漢訳からの和訳の場合、内容を紹介するのが主目的である場合は「現代語訳」を、また原典の表現を問題にする場合は「書き下し」を用いる。

(五) 固有名詞については、Pāli 名も Skt. 名に変換し、統一を図る。また法華経の仏・菩薩《ぼさつ》等の名は総じて長いので、標準的な漢訳名で表記する。

(六) 散文と韻文では、原典からの訳の調子を変えている。散文は通常の現代語、韻文はやや古語的にしてある。

(七) 法華経は資料によって、二十七品と二十八品の二系統があるが、ここでは法華経を二十八章から成る資料として扱う。またその品名は鳩摩羅什《くまらじゅう》訳『妙法蓮華経』に基づく。法華経の各章 (品) に言及する場合は、品名に続けて章数を [ ] 内に入れる。たとえば、第十六章の如来寿量品は、如来寿量品 [16] と表記する。

(八) 訳中の「 」は話した内容、〈 〉は考えた内容を表す。

(九) インド語を出す場合は (Skt./Pāli) の順とする。

略号表

AKBh: *Abhidharmakośabhāṣyam* of Vasubandhu (Tibetan Sanskrit Works Series 8), ed. P. Pradhan, Patna, 1975.

AN: *Aṅguttara-nikāya*, 6 vols., PTS.

AṣP: *Aṣṭasāhasrikā Prajñāpāramitā* (Buddhist Sanskrit Series 4), ed. P. L. Vaidya, Darbhanga, 1960.

AVS: *The Arthaviniścayasūtra and its Commentary* (*Nibandhana*) (Tibetan Sanskrit Works Series 13), ed. N. H. Santani, Patna, 1971.

BhV: *Bhaiṣajyavastu* in the *Mūlasarvāstivādavinaya* (*Gilgit Manuscripts* vol. 3, part 1), ed. N. Dutt, Srinagar and Calcutta, 1942.

Bu.: *Buddhavasṃa*, PTS.

Bu-a.: *Buddhavaṃsahṭṭhakathā*, PTS.

D.: Derge (Taipei Edition).

Dhp-a.: *Dhammapadaṭṭhakathā*, 4 vols., PTS.

Divy.: *Divyāvadāna: A Collection of Early Buddhist Legends*, ed. E. B. Cowell and R. A. Neil, Cambridge.

DN: *Dīgha-nikāya*, 3 vols., PTS.

Ja.: *Jātaka*, 6 vols., PTS.

KP: *Kāśyapa-parivarta*, ed. B. A. von Staël-Holstein, Tokyo, 1977.

L-Sukh.: *Larger Sukhāvatīvyūha*, ed. A. Ashikaga, Kyoto, 1965.

Mil.: *Milindapañho*, PTS.
MN: *Majjhima-nikāya*, 4 vols., PTS.
Mp: *Manorathapūraṇī*, 5 vols., PTS.
MPS: *Mahāparinirvāṇasūtra*, ed. E. Waldschmidt, 3 vols., Berlin, 1950–1951.
Mv.: *Mahāvastu*, ed. É. Senart, 3 vols., Paris, 1882–1897 (Reprint: Tokyo, 1977).
PTS: Pali Text Society.
RP: *Rāṣṭrapālaparipṛcchā*, ed. L. Finot, St.Petersburg, 1901 (Reprint: Tokyo, 1977).
SBhV i: *The Gilgit Manuscript of the Saṅghabhedavastu* (Part 1), ed. R. Gnoli, Rome, 1977.
SBhV ii: *The Gilgit Manuscript of the Saṅghabhedavastu* (Part 2), ed. R. Gnoli, Rome, 1978.
Skt.: Sanskrit.
Sn: *Suttanipāta*, PTS.
SN: *Saṃyutta-nikāya*, 6 vols., PTS.
SP: *Saddharmapuṇḍarīkasūtra*, ed. H. Kern and B. Nanjio, St.Petersburg, 1908–1912 (Reprint: Tokyo, 1977).
SR: *Samādhirājasūtra*, ed. N. Dutt, *Gilgit Manuscripts*, vol. 2 (Bibliotheca Indo-Buddhica No. 15), Srinagar, 1941.
S-Sukh.: *Smaller Sukhāvatīvyūha*, ed. M. Müller and B. Nanjio, Oxford, 1883.
T.: *Taishō Shinshū Daizōkyō*, ed. J. Takakusu and K. Watanabe, et al. 55 vols., Tokyo, 1924–1929.
Th.: *Theragāthā*, PTS.
Vaj.: *Vajracchedikā* (*A Collection of Sanskrit Manuscripts of the* Vajracchedikā Prajñāpāramitā), ed. S. Watanabe, Tokyo, 2009.
Vin.: *Vinayapiṭaka*, 5 vols., PTS.
VN: *Vimalakīrtinirdeśa*, ed. Study Group on Buddhist Sanskrit Literature (The Institute for Comprehensive Studies of Buddhism at Taisho University), Tokyo, 2004.

大乗経典の誕生——仏伝の再解釈でよみがえるブッダ

はじめに

大乗経典は、日本人のアイデンティティ（存立基盤）に関わる文献群と言うことができる。仏教という宗教の性質上、インド生まれの仏教がアジアの各地に伝播《でんぱ》するさい、仏教は土着の宗教を駆逐するのではなく、むしろ土着の宗教と積極的に混淆《こんこう》しながら、新たな土地に根づいていった。日本の場合、神道という土着の宗教と仏教という外来の宗教とが混淆して現在の日本人の精神性を形成し、表面上、日本は仏教国ということになっている。様々な仏教が中国および朝鮮半島を経由して日本に入ってきたが、とくに現在の日本仏教の大勢を占めるのが鎌倉仏教に端を発する諸宗派であり、その濫觴《らんしょう》は大乗仏教に遡《さかのぼ》る。

そして、その大乗仏教の根っこがどこにあるかを探っていくと、ブッダの時代から三百年以上も経過してから新たに創作されはじめた大乗経典に逢着《ほうちゃく》する。したがって、大乗経典（あるいは大乗仏教）は教祖ブッダに直接の関わりを持たないことが、古くは江戸時代の富永仲基《とみながなかもと》（一七一五―一七四六）の『出定後語《しゅつじょうこうご》』、また明治時代以降の仏教学者の学問的研究によって顕在化してしまった。日本人にとっては、まさにアイデンティティ・クライシスの状態である。仏教といいながら、その根っこは教祖ブッダに直接つながっていなかったのであるから。

現在でも大乗経典はさかんに研究されているが、ブッダの肉声に近い初期経典と、紀元前後以降、新たに創作された大乗経典との間には、一瞥《いちべつ》すると重なるところがあまりなく、大乗経典がいかに創作されたかはまだ明確にわかっていない。初期経典と大乗経典を比較しても、初期経典の内容が順次発達して大乗経典ができあがったとはとうてい考えられず、その間には大きな越えがたい溝があるように見える。

では、初期経典と大乗経典とはまったくベツモノなのか。答えはまだ闇の中だが、代表的な大乗経典である法華経《ほけきょう》(本書でも中心的にとりあげる)に関しては、表層に現れた経典の文言はともかく、法華経全体の枠組みは旧来の仏典に準拠して制作されたことがわかってきた。その枠組みが、実は仏伝《ぶつでん》、すなわちブッダの伝記なのである。この視点に立って他の大乗経典を眺めてみると、法華経のみならず、大乗経典は何らかの形で仏伝を意識して創作されたのではないかと考えられるのである。

そこで本書では、「法華経および他の主要な大乗経典は、仏伝という視座から読み解けるのではないか」という仮説を立てて、論を進めていく。その妥当性については、これからの学問的な検証作業で厳しく試されなければならないが、これまでその成立については不明な点が多かった大乗経典の成立解明に向けて、新たな一つの可能性を示唆できればと考えている。

序章

問題の所在

一　初期経典と大乗経典との溝

目につく違い

いきなりで恐縮だが、まずは異なった二つの経典の冒頭部分を、いくつか比較していただきたい。

（一）このように私は聞いた。あるとき、世尊《せそん》は王舎城《おうしゃじょう》にあるジーヴァカ・クマーラブリトヤのマンゴー林で、千二百五十人の比丘《びく》からなる大きな比丘の集団とともに時を過ごしておられた。

（二）このように私は聞いた。あるとき、世尊は王舎城の霊鷲山《りょうじゅせん》に千二百人からなる大きな比丘の集団とともに時を過ごしておられた。
彼らはすべて阿羅漢《あらかん》で、漏《ろ》は尽き、煩悩《ぼんのう》はなく、自由自在で、心はみごとに解脱《げだつ》し、知もみごとに解脱し、高貴な生まれであり、偉大な象とも呼ばれ、義務を果たし、なすべきことをなしおわり、重荷を下ろし、自らの目的を達成し、有との結合は尽き、正しい知で心はみごとに解脱し、一切の心を自在に操る最高の極地を得ていて、神通《じんずう》で有名な大声聞《だいしょうもん》たちであった。すなわち、同志アージュニュータ・カウンディンニャ（以下、二十六名の仏弟子名は省略）、これらやまたその他の偉大な声聞の他に、有学《うがく》の同志アーナンダがいた。その他にも、有学・無学《むがく》の比丘たち二千人がいた。またマハープラジャーパティーを上首とする六千人の比丘尼《びくに》もいたし、ラーフラの母であるヤショーダラー比丘尼とその従者たちもいた。

また、そこには八万の菩薩《ぼさつ》たちがともにいた。彼らはみな無上正等菩提《むじょうしょうとうぼだい》から退転せず、一生補処《いっしょうふしょ》であり、陀羅尼《だらに》を得、大きな雄弁力に安住し、退転することのない法輪《ほうりん》を転じ、幾百千もの多くの仏に仕え、幾百千もの多くの仏のもとで善根《ぜんこん》を植え、幾百千もの多くの仏に讃えられ、身心ともに慈愛が遍満し、如来《にょらい》の知を浸透させるのに巧みであり、大智慧者であり、般若波羅蜜《はんにゃはらみつ》に熟達し、幾百千もの世界にその名が聞こえ、幾百千コーティ・ナユタもの多くの有情《うじょう》たちの救い主であった。

すなわち、菩薩大士《ぼさつだいし》の文殊師利《もんじゅしり》法王子（以下、二十二名の菩薩名は省略）、また賢護《けんご》を上首とする十六人の善き人々がともにいた。すなわち（以下、十六名の善き人の名は省略）、以上をはじめとする八万の菩薩大士がともにいた。また、神々の主シャクラとその従者である二万の天子がともにいた（以下、天、龍王、キンナラ・ガンダルヴァ・アスラ・ガルダの名を列挙）。また、ヴァイデーヒー夫人の息子で、マガダ国王アジャータシャトルもともにいた。

さて、この二つの経典を比較した印象はどうだろうか。まずは分量が大きく違うことが目につく。つぎに記述内容はどうか。両経典とも同じ言葉ではじまっていることに気づくだろう。経典は仏滅直後、仏弟子のアーナンダが記憶をもとにブッダの言動を語り出したものであるから、「このように私は聞いた。あるとき～」という常套句《じょうとうく》で始まることになっている。これ以外にも、表現は似ているが、ブッダを取り巻く人数が大きく異なっていることに気づくはずだ。（一）では千二百五十人の仏弟子が参加しているだけなのに対し、（二）では取り巻きの数が桁違いに多くなっている。それは数だけに留まらず、比丘・比丘尼といったブッダの弟子に加えて、菩薩や八部衆《はちぶしゅう》など、多彩な顔ぶれに彩られているのがわかるだろう。

（一）は初期経典の沙門果経《しゃもんかきょう》（DN i 47.2-5）、（二）は大乗経典の法華経《ほけきょう》（SP 1.5-5.6）の冒頭部分。こうして比較すれば、法華経の出だしが質量ともに沙門果経を凌駕しているのが浮き彫りになる。もう少し、初期経典と大乗経典の冒頭部分を比較してみよう。

（一）このように私は聞いた。あるとき、世尊は王舎城の霊鷲山で時を過ごしておられた。

（二）このように私は聞いた。あるとき、世尊はクシナガリーにあるヒランヤヴァティー川の岸辺、マッラ族〔領内〕のサーラ双樹の森で時を過ごしておられた。そのとき、世尊は八百万コーティの比丘たちに取り囲まれ、恭敬《きょうけい》されていた。

両経とも分量については、先ほどのような圧倒的な差は確認できないが、（一）がブッダを取り巻く比丘の数に言及しないのに対し、（二）はその数を八百万コーティとする。さりげなく「八百万コーティ」と書かれているが、コーティとは「千万」を意味するから、これは「八十兆」を意味し、現在の地球の人数をはるかに凌《しの》ぐ数となる（そんな大勢の人間が古代のインドにいたのか、という詮索《せんさく》は野暮であるから止めておく）。

同じブッダの涅槃を扱う経典だが、（一）は小乗涅槃経《しょうじょうねはんぎょう》（DN ii 72.2-4）、（二）は大乗涅槃経《だいじょうねはんぎょう》（D. 120, Tha 1b2-3）の冒頭部分である。初期経典と大乗経典とではこれだけの差が確認されるのである。

初期経典の冒頭部分はどれも、すでに紹介したようにおおむね簡素であり、ブッダを取り巻く従者の数も千二百五十人を越えることはなく、変化に乏しいので、これ以上の紹介は控えるが、大乗経典の冒頭部分はバリエーションが豊富なので、もう一つだけ、阿弥陀経《あみだきょう》の出だしを紹介する。そう長くはないので、全文を載せる。

このように私は聞いた。あるとき、世尊は千二百五十人の比丘からなる大きな比丘の集団とともに、舎衛城《しゃえいじょう》にある祇樹給孤独園《ぎじゅぎっこどくおん》で時を過ごしておられた。彼らは非常に有名であり、長老であり、偉大な声聞であり、みな阿羅漢であった。すなわち、長老シャーリプトラ、マハーマウドガリヤーヤナ、マハーカーシャパ、マハーカッピナ、マハーカーティヤーヤナ、マハーカウシュティラ、レーヴァタ、シュッディパンタカ、ナンダ、アーナンダ、ラーフラ、ガヴァーンパティ、バラドゥヴァージャ、カーローダイン、ヴァックラ、アニルッダ、およびその他の多くの偉大な声聞、それから多くの菩薩大士、すなわち文殊師利法王子、阿逸多《あいった》菩薩、乾陀訶提《けんだかだい》菩薩、常精進《じょうしょうじん》菩薩、不休息《ふくそく》菩薩、およびその他の多くの菩薩大士、それから帝釈天《たいしゃくてん》・梵天《ぼんてん》、およびその他の多くの百千万の天子たちであった（S-Sukh. 92.4-16）。

ただし、大乗経典のすべてが、法華経のような壮大な始まり方をするわけではない。中には初期経典と同様に簡素な表現をとるものもある。たとえば、金剛般若経《こんごうはんにゃきょう》は「このように私は聞いた。あるとき、世尊は千二百五十人の比丘からなる大きな比丘の集団と、大勢の菩薩大士たちとともに、舎衛城にある祇樹給孤独園で時を過ごしておられた」（Vaj. 30.5-7）で始まる。菩薩への言及を除けば、初期経典と何ら変わるところがない。しかし、紀元前後から雨後の竹の子の如くインドに出現した大乗経典は、すでに見たように、常套句はそのまま継承しながらも、その表現形態は初期経典とは似ても似つかぬような飛躍したものとなっている。

経典自身への言及

もう少し、初期経典と大乗経典との差を確認してみよう。つぎに注目するのは、経典の冒頭とは真逆の終結部分の直前である。初期経典にはないが、大乗経典には、経典を閉じるに先だって、その経典（あるいは、そこで説かれている教え）をブッダが弟子たちに委嘱《いしょく》する場面がしばしば見られる。たとえば法華経では、ブッダがつぎのように告げる。

「善男子《ぜんなんし》よ、私は物惜しみをせず、心にこだわりなく、自信を持って、仏の知を与え、如来の知と自存者（仏）の知を与える者である。（中略）〔お前たちも〕私を見習い、物惜しみをせず、この如来の知見と偉大な善巧方便《ぜんぎょうほうべん》を〔求めて〕やって来た善男子や善女人《ぜんにょにん》に、この法門（法華経）を説いて聞かせなさい。そうすれば、善男子よ、お前たちは如来の恩に報いたことになるだろう」（SP 485.1–6）

このように、経典が経典の中で経典自身に言及するという不思議な現象が見られるのである。同様に、先ほど引用した阿弥陀経と金剛般若経の終結部分直前の委嘱に関する記述を抜き書きしてみよう。

阿弥陀経：「シャーリプトラよ、どう思うか。どういう理由でこの法門（阿弥陀経）は「一切諸仏の護念」と名づけられるのか。シャーリプトラよ、善男子あるいは善女人がこの法門の名を聞いたり、またはかの諸仏・諸世尊の名を記憶して忘れない者は誰でもすべて、諸仏

に護念されるし、また無上正等菩提からも退くことはない〔からだ〕」（S-Sukh. 99.1-5）

金剛般若経：「スブーティよ、実に菩薩大士が、計り知れず、数えきれないほどの世界を、七つの宝で充たし、如来・阿羅漢・正等覚者《しょうとうがくしゃ》たちに施したとしよう。また一方、善男子あるいは善女人がこの般若波羅蜜〔という法門〕から四行詩の〔一〕句でも取りあげて、他の人々に示し、唱えさせ、詳しく解説すれば、その方が、そのことによって、計り知れず、数えきれないほどの、さらに多くの功徳《くどく》の集まりを生み出すことになるのだ」（Vaj. 127.21-26）

表現はそれぞれ違うが、経典が経典の中で経典自身に言及し、しかもその経を弘《ひろ》めたり信じたりすることに大きな功徳があることを強調している。これは初期経典には見られない大乗経典特有の特徴である。「この大乗経典こそが最高」と言わんばかりで、他の大乗経典と張りあっているかのような印象を与える。一体これは、何を意味しているのか。

さらに、初期経典と大乗経典との違いを確認しておく。仏と転輪王《てんりんおう》（古代のインド人が考えた理想的な王で、アショーカ王がモデルとも言われる）には、常人には見られない身体的特徴が三十二あるが、その一つに「長広舌相《ちょうこうぜつそう》」がある。仏の舌は大きく広く、顔全体を覆うことができると言う。「長広舌をふるう」というのは、日常的には雄弁さの表現だが、本来これは過去世で「真実語を護った」という行為の結果、得られたとされる（AVS 59.3-4, 297.4-7; 本庄［1989a: 35］）。

伝統仏教の律《りつ》文献の中にはこんな話も見られる。ある村にやってきたブッダを見て、ある娘はブッダに浄信《じょうしん》を生じ、ブッダに麦焦《むぎこがし》の布施《ふせ》をすると、ブッダは微笑を示し、彼女が独覚《どっかく》になると予言した。その予言に疑念を抱いた彼女の夫はブッダに文句を言うものの、結局はブッダに教化され、在家信者になるという話である。その最後の部分はつぎのとおり。

世尊は口から舌を出し、毛の生え際に至るまで顔全体を覆って言われた。「バラモンよ、どう思うか。口から舌を出し、顔全体を覆う者が、百千の転輪王の王権のためといえども、わざと嘘をつくことがあるだろうか」と。

「おおガウタマよ、決してございません」

世尊は詩頌《しじゅ》を唱えられた。

「確かに〔他人の舌〕は嘘をつくことあるも、我が舌は今、正直に真実を語る。バラモンよ、〔すべては〕実に我が語る、まさにその如くなり。ゆえに「我は如来なり」と汝《なんじ》は理解すべし」（Divy. 71.14–22; 平岡［2007a: 146–147］）

これが大乗経典になると、どう変化するか。阿弥陀経の記述の前半ではブッダが極楽の様子を詳細に語り、阿弥陀仏の名前を執持《しゅうじ》すれば、極楽に往生できると説く。そして後半では六方の諸仏がそれを称讃するが、そのさい、六方の諸仏は舌で各仏国土《ぶっこくど》をすっかり覆って、「あなたたちはこの法門を信受せよ」と勧める（S-Sukh. 97.4-6, etc.）。これはSkt. の記述だが、その漢訳『阿弥陀経』では、「各於其国出広長舌相偏覆三千大千世界説誠実言」（T. 366, xii 347b21-22, etc.）、つまり「広長舌を出して、三千大千世界を遍く覆う」という表現に飛躍する。人間の顔全体を覆うのなら、直径三十センチほどで充分だが、一仏国土、あるいは三千大千世界を遍く覆う舌となると、その直径たるや、天文学的数値となる（当然、その計算は差し控える）。長広舌相も、初期経典と大乗経典とではこれほどまでに違ってくるのである。

最後に一つ、仏の数について比較しておこう。初期経典で「仏」と言えばブッダだけであり、それ以外に仏は存在しない。ところが、そこに過去仏思想が誕生した。過去仏思想とは、ブッダは法の〈発明者〉ではなく〈発見者〉であり、過去の六人の仏が歩んだ道をブッダも歩み、過去の六人の仏がそこで見つけた法をブッダも同様に見つけただけだと説く思想である。この思想が誕生した背景には様々な要因が考えられるが、一つには伝統（歴史）による権威づけが考えられる。つまり、アーリア人が紀元前十二世紀頃にインドに侵入して以来、インドの正統宗教はバラモン教であり、ブッダの時代であれば七百年ほどの伝統を持つ宗教であった。そこにブッダが新興の宗教を開いたわけだが、まったく新しい宗教であるだけに、伝統（歴史）という権威がまったくない。ブッダが素晴らしい法を説いても、聞く側からすれば、伝統という権威のない教えに堕してしまうわけだ。

過去仏思想は、ブッダの説く法に伝統という権威を付与したのである。こうして現世に存在する仏はブッダだけだが、過去にはブッダ以外に六人の仏がいたと説かれるようになり、仏の数は全部で七に増えた。これをもとに、二十五仏思想も出てくる。ただし、これはあくまで過去世での話であり、現在仏はブッダ一仏しか存在しない。仏滅後、五十六億七千万年先には弥勒仏《みろくぶつ》が出現するが、それはまだずっと先のこと。現在仏としては依然としてブッダ一仏なのである。現在一仏主義こそ、初期経典の特徴と言えよう。

一方、大乗経典では過去や未来もさることながら、現在にも多くの仏が存在すると説かれるようになる。たとえば賢劫《けんごう》の千仏。劫《こう》とはきわめて長い時間の単位であり、「賢劫」とは「現在」を含む時期に付けられた時代の名前である。この「賢劫」の前には「荘厳劫《しょうごんこう》」という過去の時代、また「賢劫」のあとには「星宿劫《せいしゅくこう》」という未来の時代があり、それぞれの時代（劫）に千仏が現れると言う。この文脈の中では、ブッダは「賢劫」に現れる第四番目の仏に過ぎない。初期仏教の七仏から、大乗経典ではいきなり千仏へと仏の数が増殖しているのである。

二　大乗仏教研究史と本書の視点

在家か出家か

これらはほんの一例であり、経典の内容やそこに説かれている思想に注目すれば、初期経典と大乗経典との間には大きな開きがあり、したがって、初期経典が順次発展して大乗経典ができあがったと考えるには無理があるように見える。では、初期経典と大きな溝のある大乗経典および大乗仏教の起源は、これまでどのように研究されてきたのか。以下、その概略をまとめておこう。

資料によれば、ブッダの死後、百年あるいは二百年が経過したころ、それまで和合を保っていた教団は分裂し、上座部《じょうざぶ》と大衆部《だいしゅぶ》とに分裂した。これを根本分裂と呼ぶ。その後、この二つの部派はそれぞれさらなる分裂を繰り返し（これを枝末《しまつ》分裂と呼ぶ）、最終的には十八〜二十の部派（以下、二十に統一）に分裂したとされる。この部派の伝える歴史書などの記述に基づき、大乗仏教は大衆部から現れたという説が研究初期の段階では支持された。つまり伝統的な仏教部派内部から大乗仏教が誕生したと推定されたのである。西洋の研究では、これに加え、ヒンドゥー教やウパニシャッド等のインドの宗教や思想の影響も視野に入れて大乗仏教の起源を考えている（平川［1989: 14-15］）。

一方、日本では平川彰が画期的な大乗仏教起源説を提唱した。以下に概略を示す（平川［1989; 1990］）。仏教の担い手は出家者の比丘・比丘尼であり、彼らが僧団を形成していた。彼らは最終目標の阿羅漢（原意は「［供養に］相応《ふさわ》しい人」。一二四頁以下参照）を目指し、戒律を守って修行したが、紀元前後、阿羅漢ではなく、それより上位の「仏」を最終目標とする在家信者が現れた。在家信者の彼らは僧団内には居住せず、ブッダの遺骨を祀《まつ》る仏塔《ぶっとう》を拠点とした。仏塔は僧団の管轄外だったからだ。つまり、彼らは仏塔を拠点に自らの思想を洗練し、それに基づいて様々な大乗経典を生み出した。よって、平川が提唱した説は「在家仏塔起源説」とも呼ばれている。

それまでの大乗仏教研究が思想や教理に偏重していたのに対し、平川は「教団史」という社会的な視点を導入した点が画期的であった。この平川説は、「平川は大乗経典を、社会史あるいは経済史的観点から読み解き、在家と出家とを価値対立的な位置におき、両者の緊張関係として展開される大乗運動を壮大な規模で描いてみせた。既成の宗派とは関係しないためにこれまで振り返られたことのなかった数多くの経典を分析の対象として取り上げ、それらの全体をウェーバー流の宗教類型論的論述に組み込んだ仏教史は、日本の仏教学界にはおよそ想像のできなかった斬新な成果であり、研究者たちに大きな衝撃を与えた」（下田［2011a: 42］）とまで評価されるにいたる。

以降、日本ではこの平川説が学界を風靡《ふうび》し、大乗仏教の起源の問題はほぼ決着がついたかに見えたが、一九八〇年代後半より、洋の東西を問わず、この平川説に疑義が呈されはじめた。その嚆矢《こうし》がショペン（Schopen［1975］）であり、碑文等の記述を手がかりに平川説を批判した。仏塔に布施をしたり仏塔を巡る宗教活動に関わっていたのは、圧倒的に比丘・比丘尼などの出家者であり、在家信者ではないというのである。また五世紀頃までは、大乗や大乗教団に言及する碑文などは発見されていないので、それ以前に大乗を奉ずる人が教団を組織した痕跡は見出せず、教団の成立と紀元前後頃から活発化する大乗経典の成立とは分けて考えるべきであると主張するに至った。

また大乗に関連する碑文資料の分析に基づき、ショペンは「出家者」と「最高の在家信者」という二つの肩書きが見られることから、両者はともに大乗の共同体のメンバーであったとし、さらに六世紀の碑文では彼らを「大乗の信奉者」と呼ぶようになると言う。これらの事実から、ショペンはこの出家者と在家信者の織りなす集団こそが大乗仏教の担い手であったと推論した。さらに彼の大乗仏教に関する指摘として重要なのは、大乗仏教の起源を仏塔崇拝ではなく経巻崇拝に求めていること、また大乗仏教は僧院に批判的な僧侶であり、僧院から離れた辺境地域にいる少数派集団であったと、という指摘である。

一方、日本でも平川説を否定する研究者が現れた。ここではその代表として下田正弘と佐々木閑の説を紹介する。下田［1997］は、仏塔崇拝が部派教団と密接に関わりがあること、大乗経典に散見する仏塔関連の記述が部派の律蔵の記述と一致していることなどを理由に、平川説の問題点を指摘した。そして、経典崇拝が仏塔（遺骨）崇拝に代わるものとして起こるところに大乗仏教の起源を求めるが、これはあくまで涅槃経という限られた枠内のケーススタディであるため、この起源論を大乗仏教成立の鍵として一般化するには無理があるかもしれないと、渡辺［2010: 194］は指摘する。

下田と同様に、平川説の再考を迫ったのが佐々木［2000］である。佐々木は破僧（教団分裂）の定義に着目し、アショーカ王が教団の分裂を誡《いまし》めた分裂法勅という碑文、および律文献の記述を考察した。アショーカ王の時代に教団が分裂する状況になり、仏教部派の形式上の統一を図るため、破僧定義の変更が行われたと言う。本来の破僧の定義は「ブッダの教説に反する主義を提唱し、仲間を集めて個別の集団を作ること」であったが、それを「布薩等の儀式・儀礼を別に行うこと」と定義しなおした。この定義にしたがえば、「布薩等の儀式・儀礼さえ同じように行っていれば、同一部派内で異なる教説を主張しても、それは破僧にはならない」ことになる。

つまり、分裂状態の教団が形式的に和合し、表面上は統一を保ちつつも、その教義については多様性を容認し、同一教団内部に声聞乗と菩薩乗を奉ずる比丘が混在していても問題はないことになる。よって、必ずしも大乗仏教の担い手として出家者を排除する必要はなく、平川説のように、大乗仏教の成立を部派仏教と対立する勢力の勃興ととらえるよりも、初期仏教から部派仏教へ展開した延長としてとらえる視点を提供したわけである。佐々木説に対しては下田［2013: 52］の批判もあり、今後の研究次第では、各説とも見なおしを迫られる可能性は充分あるが、最新の研究成果から現時点で明らかになった点を三つに整理しておく。

（一）当初、大乗仏教に組織化された教団はなく、大乗仏教は経典創作活動として出発した。碑文資料によれば、大乗独自の教団の成立は、四、五世紀以降である。

（二）部派は「教団（sect）」であり、大乗は「学派（school）」である。よって、大乗経典は単一の部派というより部派内部のグループ、つまり「学派（school）」によって創作された。この学派は、単一部派内部のグループというだけでなく、部派を越えた出家者のグループの可能性も視野に入れておいた方がよい。

（三）単一の起源から大乗が生まれて拡散展開したのではなく、そもそも大乗は諸現象の集合として拡散して存在していた。よって、大乗とは複数の源泉から同時並行的に発生してきた一種の社会現象と見るべき新たな仏教運動である（佐々木［2011: 76］）。

仏伝という環

「失われた環《わ》（missing link(s)）」とは、類人猿とヒトの中間の生物進化において存在が仮想される動物を指すが、比喩的には「系列の完成上、欠けている部分」、「問題解決に必要だが、まだ欠けている情報」を意味する。初期経典と大乗経典との間には埋めがたい溝が横たわっているように見えるが、両者の中間に何らかのmissing link(s)を見つけることは可能であろうか。その環は一つではなく、複数存在するかもしれないが、本書ではその環の一つとして「仏伝《ぶつでん》（ブッダの伝記）」を想定してみたい。あるいは、本書の視点をジグソーパズルのピースに喩《たと》える方が適切かもしれない。missing link(s)は両者の直線的な繫《つな》がりを前提とするが、大乗仏教の実態は直線のように単純ではなく、大きな平面図かもしれない。とすれば、大乗仏教という広大なジグソーパズルの一ピースを埋める役割を果たすのが本書の任務となる。

初期経典と大乗経典との間に仏伝を補うことによって、両者が完璧につながるという単純な話ではもちろんないし、仏伝という一ピースをはめ込むことで、ジグソーパズルがすべて完成するわけでもない。しかし、本書においてこれから考察するように、大乗経典は大なり小なり仏伝を意識して創作されていると考えられるのであり、その中でも法華経がきわめて仏伝に自覚的かつ包括的であるため、これを考察の中心に据えようとするのである。大乗経典の成立には仏伝が深く関与していることは間違いない。

大乗仏教の特徴の一つは、「ブッダ固有の属性の一般化」とも表現できる。たとえば「仏」という呼称は、大乗仏教以前の時代には固有名詞として用いられ、仏教の開祖ブッダその人を指し示す呼称であったのが、大乗仏教では普通名詞化し、大乗教徒の共通ゴールになっている。また、成道《じょうどう》（覚《さと》りを開くこと）までのブッダを意味する「菩薩」も初期経典では固有名詞として使われていたが、大乗仏教の時代には普通名詞化し、最終のゴールである仏になるまで、彼らは自分たちを「菩薩」と称している。そう考えると、それらの普通名詞化を成しとげた大乗仏教がその教祖ブッダの伝記である仏伝を強く意識しても何ら不思議ではないだろう。しかし、従来の大乗仏教研究あるいは大乗経典研究で仏伝という視点は、部分的には言及されても、本格的にはとりあげられてこなかった。

これに近い立場をとるのが山田［1959］であり、仏滅後に二つの系統があったと想定する。一つはブッダの語った「言葉」を伝承する系統、もう一つはブッダ「その人」を伝承する系統である。ここでは前者を「ブッダが語る言葉」、後者を「ブッダを語る言葉」と言い換えておこう。そして山田は、後者、すなわちジャータカ（ブッダの前世物語）やアヴァダーナ（業報譬喩物語）

といったブッダを鑽仰する譬喩文学に大乗仏教の起源を求める。確かに大乗仏教の根本思想の一つである菩薩に注目すれば、そのような理解も可能だが、これから考察するように、大乗経典はブッダの前生である菩薩だけに注目するのではない。菩薩時代も含め、涅槃にいたるまでの仏伝全体が射程に入っているのであり、本書は山田の立場とも異なることを確認しておく。

第一章

仏教理解の基盤

一　インド仏教史

時代区分の問題

歴史をどうとらえるかは、難しい問題である。歴史が生成されている途中、その歴史を生きている人々に「時代区分」という意識はおそらくない。後世の人間が過去を振り返って、時代の節目となるところに便宜上区切りを入れ、ある一まとまりの年代を「〜時代」あるいは「〜期」と呼びならわすだけのことである。よって、視点を変えれば、あるいは区切りを入れる場所が異なれば、それまでとは違った時代区分が浮かび上がってくるが、区切りの入れ方によって、過去の歴史そのものが変わるわけではない。評価や解釈が変わるだけのことである。

では、紀元前五世紀頃のブッダの覚《さと》りに端を発する時代から、一二〇三年にヴィクラマシラー寺院がイスラム軍の攻撃をうけてインドから仏教が消滅するまでのインド仏教の歴史をどう区分するか。これまでは、初期仏教（あるいは原始仏教）、部派仏教（アビダルマ仏教・小乗仏教）、そして大乗仏教という三区分が一般的に用いられてきた。しかしこの時代区分に用いられる呼称を吟味すれば、命名に関して統一がとれていないことがわかる。初期仏教とは「初期」という時間を意識した呼称であり、それならこれ以降は「中期仏教」「後期仏教」となるはずだが、そうはなっていない。つぎの部派仏教だが、これはその時代の仏教が、それまでの単一だった教団から複数の教団に分裂し、二十の部派（グループ）に分裂していた状況に焦点をあてた呼称となっている。そして三つ目の大乗仏教にいたっては、それまでの仏教を小乗仏教、すなわち小さな乗り物と蔑称し、自分たちの信奉するのは大きな乗り物であると称揚した名称であるから、大乗仏教側の価値観をたっぷり含んだ呼称になっている。

というわけで、従来の三区分である「初期仏教・部派仏教・大乗仏教」はすべて異なる視点からの命名であり、これを寄せ集めれば、その名称に統一性がないのは当然である。このような時代区分を批判したのが三枝［1990］であった。仏教を、西洋哲学・キリスト教・イスラム教・中国思想とともに、一個の普遍思想としてとらえようとした三枝は、仏教にも概括的な時代区分が必要だとし、西洋哲学史の古代・中世・近世と符合させるべく、インド仏教史を初期・中期・後期の三つに分割することを提案した。彼は、初期仏教をブッダの時代から教団が分裂するまでの時期、中期仏教を教団が分裂して部派仏教が生まれてから（おおむねアショーカ王の即位頃と一致）初期大乗経典などが創作された四世紀初頭の時期、そして後期仏教をグプタ王朝が成立した紀元三二〇年から一二〇三年のヴィクラマシラー寺院破壊までの時期と区分する。

初期仏教・部派仏教・大乗仏教という時代区分の問題は、部派仏教から大乗仏教への推移にある。というのも、教団が分裂した時点で初期仏教は終わるので、初期仏教から部派仏教の時代に入ったという理解は正しいが、部派仏教から大乗仏教へという場合、初期仏教から部派仏教への

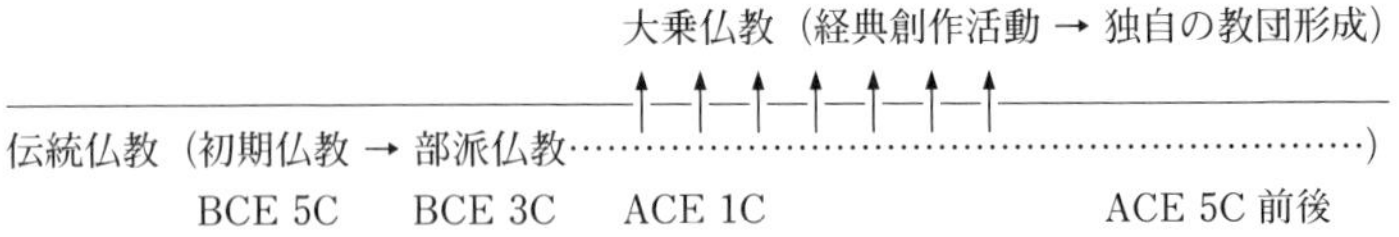

移行と同様に、部派仏教の時代が終わって大乗仏教の時代が始まったという印象を与えてしまう。しかし実際は、大乗仏教の興起によって「部派仏教」の「部派」が消滅したわけではない。むしろ様々な部派が林立し活発に活動する中で、その部派内の出家者たちがそれぞれ個別の大乗経典を創作したことがわかってきている。よって、海外の研究者は部派仏教のことを、Mainstream Buddhism とか Background Buddhism と呼ぶ。とくに後者は部派仏教が大乗仏教の母体となっている側面を強調し、実態に即した命名と言えよう（Silk［1994: 13 ff.］）。

大乗仏教を問題にするなら、その対立項は小乗仏教とするのがふさわしいが、すでに指摘したように、これは価値観を含んだ名前なので、ここではこれを使わない。大乗仏教を新仏教、従来の仏教を旧仏教と対比させることも可能だが、新仏教という名前は一般的ではないので、これも採らない。大乗仏教という名前は今や市民権を獲得し、変更の余地はないのでこれはそのまま使い、初期仏教を含め、Mainstream Buddhism/Background Buddhism という言葉で言及される部派仏教を、ここでは便宜上「伝統仏教」と総称することにする。伝統仏教を「地」とし、そこに「図」として浮かび上がってくる大乗仏教を図示化すると、上の図のようになる。

部派仏教の時代

さてこの伝統仏教のうち、従来「部派仏教」と呼ばれている時代の仏教について簡単に説明しておく。仏伝によれば、ブッダは三十五歳で覚りを開き、四十五年の伝道生活をへて、八十歳で入滅《にゅうめつ》した。その後、教祖ブッダを失った教団はしばらく和合を保っていたものの、ブッダの滅後百年（北伝資料）あるいは二百年（南伝資料）が経過して分裂の危機が訪れた。その原因はこのあと説明するとして、その背景を池田［2010］に拠《よ》りながら、まとめておく。

ブッダ在世当時、仏教はそれほど強大な教団ではなかったが、ブッダの人間性や仏弟子たちの熱心な布教活動で教線を拡大し、またそれにともなって多様な人間が出家して教団の規模が拡大すると、教団運営は複雑化し、宗教的価値観や修行に対する見解も多様性を帯びてきたと推定される。従来なら、それらの問題解決にはブッダが絶対的な権威を持っていたが、そのブッダも今や存在しない。となると、教団の和合を乱す危険因子は時代とともに増大していったに違いない。このような状況を背景に、教団分裂という現象が浮かび上がってきた。直接的な要因については史実かどうかの検証が必要だが、文献の記述を手がかりに、この分裂の経緯を二つの観点から説明しておく。一つは戒律に関わる解釈の相違、もう一つは阿羅漢およびブッダ観の相違である。

ブッダが制定した戒律によれば、比丘は金銭に触れてはいけなかったが、貨幣経済の発達にともない、食物や衣の他に、金銭が布施として比丘に渡されるようになる。こうして金銭の授受をめぐり、比丘の中でも意見が対立するようになった。年代的にブッダに近い長老たちは、ブッダの教えを忠実に守ろうとし、布施として金銭をうけ取ることを拒否したが、若い世代の比丘たちは戒律を柔軟に解釈し、金銭のうけ取りを許容した。金銭の授受だけではなかったが、様々な戒律の見解の相違から、ついに教団を二分するまでに対立が激化し、ついに戒律を厳密に遵守しようとする上座部と、戒律解釈に柔軟な大衆部とに教団が分裂した。これを根本分裂と言う。

もう一つは阿羅漢およびブッダ観の相違に起因するというもので、これを「大天《だいてん》の五事《ごじ》」と呼び習わしている。大天という人物が、「①阿羅漢も天魔の誘惑で煩悩を起こす。②阿羅漢にも無知がある。③阿羅漢位にも疑惑がある。④阿羅漢にも他の人に教えられて覚りに入ったことを知る者がいる。⑤坐禅の最中に声を出して覚りに至る者もいる」という五事を主張したと言う。この主張を巡って教団に大論争が巻き起こり、教団が分裂するに至ったというのである。

大衆部系の部派は「人間能力には限界があるが、ブッダは完全無欠で人間の能力を越えており、全知全能である」とする一方、上座部系の部派は「人間の能力を可能なかぎり認めつつ、ブッダもまた人間としての存在である」とみなす点で異なる。戒律上の意見の相違と阿羅漢およびブッダ観の相違をあわせると、戒律を遵守し、肉身のブッダを尊崇するのが上座部であり、戒律を緩やかに解釈し、理念的なブッダを信仰しようとするのが大衆部であるとまとめることができよう。このように、大衆部系は超人的な存在としてブッダをとらえるので、大乗仏教のブッダ観に展開する可能性を秘めていると言える。説話文献を手がかりに、説一切有部《せついっさいうぶ》と大衆部のブッダ観を比較しても、この違いは明瞭である（平岡［2002: 326–392］）。

さて、こうしていったん二つに分裂した教団は、その後、分裂を重ね、最終的に二十のグループ（部派）に分裂したと言われている。なお、本書の記述を進めるにあたり、重要な部派は、上座部系では、南方上座部、（根本）説一切有部、法蔵部《ほうぞうぶ》、化地部《けじぶ》、また大衆部系では説出世部《せつしゅつせぶ》であるが、とくにインド仏教の事情を考えるうえで重要な部派が説一切有部だ。当時は西北インド一帯に大きな勢力を誇り、現存する資料も他の部派に比べて格段に多いのが特徴である。論書（四六頁以下参照）もさることながら、説一切有部が伝持した律蔵《りつぞう》（四五頁以下参照）は規則に加え、その規則が制定されるに至った因縁譚も豊富である。

さて、ブッダの時代から部派仏教の時代にかけて、比丘の生活様式にも変化が現れた。ブッダの時代は遊行《ゆぎょう》といって、比丘は一カ所に定住することなく、村から村へ、町から町へと、托鉢《たくはつ》（乞食《こつじき》）しながら移動するのが常だったが、住む場所や建物が教団に寄進されると、比丘たちはその場所に定住するようになる。また、遺された次世代の仏弟子たちには、ブッダの教えを整理・体系化したり、また研究するという使命があった。こうして部派に分裂した時代の比丘たちは一カ所に定住し、安定した生活を営みながら、ブッダの教えを体系化したり、また研究に専念していったのである。

ブッダが説示した真理あるいは教説は「ダルマ（dharma）」とも呼ばれるが、この時代は、そのダルマに「対して（abhi）」研究や注釈を加えていったので、この時代の仏教を「アビダルマ

(abhidharma) 仏教」という場合もある。インドには仏教以外にも様々な宗教家や哲学者が活躍していたであろうから、彼らと議論しても負けないように、ブッダの教えを体系化したり、研究しておく必要もあったと考えられよう。

また、この時代の特徴として、厳密な出家主義があげられる。比丘たちは修行して煩悩を断じ、阿羅漢になることを目指したが、阿羅漢になるためには、在家者の生活を営んでいては不可能であり、出家して修行しなければ阿羅漢になれない、つまり輪廻《りんね》から解脱できないと説いた(藤田[1964])。したがって、この時代の仏教は出家者に優位の、あるいは出家者に独占された仏教と表現することも可能である。

二 仏教の典籍

典籍の分類

さてここまで無批判に「初期経典」という言葉を使ってきたが、これには注意が必要だ。初期経典と言えば「初期仏教の経典」という印象を与えるが、初期仏教という時代区分は可能でも、その時代の経典は存在しないからである。以下、その理由に触れながら、仏教の典籍についてまとめてみよう。キリスト教の新約聖書に含まれる各福音書に相当するのが、仏教の経典である。

聖書にせよ経典にせよ、それはイエスやブッダ自身が書き記したものではなく、教祖・開祖であるイエスやブッダの言動を、弟子たちの目と耳をとおして言語化したものだ。経典の場合、最初、ブッダの言動は〈話し言葉〉で伝承された。いわゆる口伝《くでん》である。それが、仏滅後、およそ四百年が経過した紀元前後になって、ようやく〈書き言葉〉で伝承されるようになる。以下、その経緯を資料に基づきながら整理する。

ブッダの死後、ブッダの教えが散逸することを防ぐため、仏弟子カーシャパが五百人の阿羅漢を集め、自分自身が座長となってブッダの教えをまとめた。これを第一結集《けつじゅう》と言う。ここでは、ブッダが制定した規則（律）はウパーリンが、教え（法）はアーナンダが誦出《じゅしゅつ》し、それが同席していた阿羅漢たちによって「法と律」として認められた。アーナンダが誦出した法は経蔵《きょうぞう》に、またウパーリンが誦出した律は律蔵《りつぞう》にまとめられたが、この経蔵と律蔵はブッダ自身の直説と考えられているので仏説とみなされる。経蔵がその最初期においてどう分類され伝持されたかは定かでないが、その初期には「九分教《くぶんきょう》」や「十二分教《じゅうにぶんきょう》」という分類法が採用されたようで、その痕跡は現存の仏典に散見する。しかしながら、現存する経典は、たとえばPāli聖典では「五部ニカーヤ」という分類形式にしたがって整理されている。

やや時代が下ると、この経と律に対して仏弟子たちが注釈を加えた典籍が生み出される。これを論蔵《ろんぞう》と言う。これは経蔵や律蔵と違って仏説ではないが、ブッダの教えを理解するうえで論蔵は貴重な情報を提供してくれる。よって、仏説の経蔵や律蔵に論蔵を加えて三蔵《さんぞう》と称し、この三蔵を以て仏教の典籍とするのである。さてこの三蔵は、教団の分裂後、各部派によって伝承された。最後の論蔵は部派分裂後に制作されているので部派の特殊性が色濃く反映されて当然だが、経蔵と律蔵は本来一つだったので、部派ごとに伝持されても各部派がまったく異なる経蔵と律蔵を有していたわけではない。ただし律蔵については、状況がやや異なる。律蔵の内容は「覚りに資する規則（経分別《きょうふんべつ》）」と「教団運営に関する規則（犍度部《けんどぶ》）」に大別でき、前者は各部派の律蔵で大きな違いはないが、後者には部派間で違いが見られる。

教団分裂によって誕生した二十の部派は、それぞれ独自の三蔵を持っていたはずであるが、残念ながらその各部派の三蔵がすべて現存しているわけではない。現存資料という観点から諸部派の中でもとくに重要なのが、南方上座部と説一切有部である。南方上座部はスリランカおよび東南アジアの各地に教線を拡大し、膨大にして体系的な仏典を残しているし、説一切有部はインド最大部派として、西北インドを中心に勢力を誇った部派であり、こちらも多大な典籍を現在に伝えているからである。

ここで重要な点を確認しておく。それは、部派というフィルターの通らない経蔵と律蔵は存在せず、したがって部派分裂前に成立した経や律には直接触れることができないということである。よって初期仏教の研究も、「初期経典」と言われている文献を無批判に使用することは問題をはらむ。本来一つだった経蔵が、部派分裂により各部派で独自に伝承されてきたとすれば、その伝承過程で、話し言葉にせよ書き言葉にせよ、言い間違い・聞き間違い・読み間違い・書き間違いなど、様々な間違いの過程をへている可能性があるからである。その間違いには無意図的なものもあれば伝承者の意図的な改変もあり、現存する初期経典が部派分裂以前の経蔵の内容を百パーセント忠実に伝えている保証はない。よって、部派の伝持した個別の経蔵から部派分裂以前の経蔵の姿に迫ろうとすれば、現存する経蔵の中から共通伝承を抽出するという作業が必要になるのである。

経蔵（初期経典）

ではここから、三蔵のうち、部派が伝えた経蔵に絞って話を進めていく。現存するのは、南方上座部の経蔵（ニカーヤ）と、漢訳の阿含《あごん》（アーガマ）が有名であり、南方上座部で伝承されている経蔵は以下の五つに分類される。

（一）『長部《じょうぶ》（Dīghanikāya）』：比較的長い内容の経典の集成
（二）『中部《ちゅうぶ》（Majjhimanikāya）』：中くらいの長さの経典の集成
（三）『相応部《そうおうぶ》（Saṃyuttanikāya）』：テーマ別にまとめた経典の集成
（四）『増支部《ぞうしぶ》（Aṅguttaranikāya）』：数に関する教説を集めた経典の集成
（五）『小部《しょうぶ》（Kuddhakanikāya）』：その他の経典の集成

このように、ブッダが説いたとされる教説は五つの範疇《はんちゅう》に分類されている。これに対し、北伝の漢訳の経蔵（阿含）の場合、単一の部派（南方上座部）がニカーヤのような完全な経蔵を有しているわけではなく、以下に示すように、それぞれ個別の部派によって伝持された文献が残っているだけであるが、これを総称して「四阿含」という。

（一）『長阿含経』：『長部』に相当。法蔵部が伝持したインド原典の漢訳
（二）『中阿含経』：『中部』に相当。説一切有部が伝持したインド原典の漢訳
（三）『雑阿含経』：『相応部』に相当。説一切有部が伝持したインド原典の漢訳（Hiraoka [2000]; 平岡［2003］）
（四）『増一阿含経』：『増支部』に相当。伝持した部派は不明（平岡［2007c; 2008]; Hiraoka [2013]）

本来インドで編纂された経典がそれぞれ南伝と北伝に別れ、また各部派で伝承されていたわけだから、ニカーヤと阿含が根本的に異なることはない。よって、右に記したように、ニカーヤと阿含との間には一定の対応関係が認められるのである。またニカーヤの『小部』に対応する漢訳は一まとまりの経典の集成としては存在せず、そのいくつかは単体の経典として個別に漢訳されている。なお、阿含経典については、近年、そのSkt.資料が発見されつつあるが、それは写本

の断片（Chung［2008］, Chung & Fukita［2011］）や単独の経典レベルであり、ニカーヤのような一つのまとまりを持った集成としては発見されていない。

さて、大乗経典の仏説を考えるうえでも重要なのは、南方上座部の『小部』（その他の経典の集成）に分類される経典類である。ここに収められている仏典はつぎのとおり。

①『小誦経《しょうじゅきょう》（Khuddakapāṭha）』
②『法句《ほっく》経《きょう》（Dhammapada）』
③『自説経《じせつきょう》（Udāna）』
④『如是《にょぜ》語経《ごきょう》（Itivuttaka）』
⑤『経集《きょうしゅう》（Suttanipāta）』
⑥『天宮事《てんぐうじ》（Vimānavatthu）』
⑦『餓《が》鬼《き》事《じ》（Petavatthu）』
⑧『長老偈《ちょうろうげ》（Theragāthā）』
⑨『長老尼偈《ちょうろうにげ》（Therīgāthā）』
⑩『生経《しょうきょう》（Jātaka）』
⑪『義釈《ぎしゃく》（Niddesa）』＝大義釈＋小義釈
⑫『無礙《むげ》解《げ》道《どう》（Paṭisambhidāmagga）』
⑬『譬《ひ》喩経《ゆきょう》（Apadāna）』
⑭『仏種姓経《ぶっしゅしょうきょう》（Buddhavaṃsa）』
⑮『所行蔵経《しょぎょうぞうきょう》（Cariyāpiṭaka）』

このうち①〜⑤はよいとして、⑥と⑦は「如是《にょぜ》我聞《がもん》」という形式は取らず、⑧と⑨は仏弟子による詩頌なので仏説ではない。⑩には古い要素も確認できるが、注釈も含むので古くはない。⑪と⑫は論書であるから仏説ではない。⑬は仏弟子の自説という体裁をとるので仏説ではないし、

⑭は二十五仏を、また⑮は十波羅蜜（布施・持戒・出離・智慧・精進・忍辱《にんにく》・真実・決定《けつじょう》・慈愛・平等）を前提にするので、その成立は新しい。とくに⑬〜⑮は大乗経典とも接点のある文献であり、成立は紀元前後以降となる。たとえば⑬について、ベッヒェルト（Bechert［1976］）やノーマン（Norman［1983: 89–92］）は大乗との関連を指摘し、ヒニューバー（von Hinüber［2000: 61］）はその成立を⑭よりは新しくPāli注釈文献よりは古いとする。というわけで、『小部』は「仏説」という点で問題山積のニカーヤなのである。では、どうしてこれらが経蔵に入りえたのか。馬場［2010］によりながら、この点をまとめてみよう。

南方上座部の経蔵はまず『小部』以外の四ニカーヤが成立、これに後述の律蔵と論蔵（七論）とが加わって三蔵が整った。その三蔵の成立後も、ブッダの言葉として認められた文献が追加され続けたが、それらが三蔵に含まれることはなかった。しかし『中部』の伝承者たちがこれらの文献を経蔵に組み入れることを主張し、遅くとも五世紀初頭までには三蔵外にあった諸文献が『小部』としてまとめられ、経蔵の後半部分を占めるようになった。そしてスリランカで執筆活動を行ったブッダゴーサは経蔵を五部とする定義を積極的に認めつつ三蔵の構成を定義し、そこで列挙された文献を「すべてのブッダの言葉」と呼んだ。これによって三蔵は確定し、それ以降は新たにブッダの言葉は追加されることはなくなった。このブッダゴーサの定義は否定しがたい権威をもって認められたという（三蔵の成立過程の詳細については、馬場［2008: 157–195］）。

こうなると、仏説とは「実際にブッダが説いたかどうか」ではなく、後代の弟子たち（あるいは影響力のある仏弟子）がその文献を「ブッダが説いたものと同等とみなすかどうか」に判断基準があることを示しており、きわめて恣意的に「仏説」が決められていることがわかる。これは大乗経典の仏説を考えるうえでも重要であろう。我々が考えているほど「仏説」の定義は絶対でもないし、客観的でもないのである。

律蔵

律蔵については、以下の六つが広律《こうりつ》（体系的なまとまりのある律）として現存する。

（一）『律蔵』：南方上座部が伝持したインド原典（Pāli）
（二）『五分律《ごぶんりつ》』（四二三〜四二四年）：化地部が伝持したインド原典の漢訳
（三）『四分律《しぶんりつ》』（四一〇〜四一二年）：化地部が伝持したインド原典の漢訳
（四）『十誦律《じゅうじゅりつ》』（四〇四〜四〇九年）：説一切有部が伝持したインド原典の漢訳
（五）根本有部律《こんぽんうぶりつ》（Mūlasarvāstivāda-vinaya）：説一切有部が伝持したインド原典（Skt.）
　漢訳：『根本説一切有部毘捺耶《こんぽんせついっさいうぶびなや》』（七〇三〜七一三年）
　蔵訳：'Dul ba gzhi
（六）『摩訶僧祇律《まかそうぎりつ》』（四一六〜四一八年）：大衆部が伝持したインド原典の漢訳（Skt. 原典は断片的には発見されている。Karashima [2000; 2002; 2006]）

なお、現存する広律の漢訳年代は、『根本説一切有部毘捺耶』を除くと、五世紀前半に集中しているが（平川［1999: 121-161］）、クラーク（Clarke［2014: 18-21］）にしたがい、すべての広律の原典の成立を、おおむね紀元後一、二世紀と考えておく。

論蔵

断片的には様々な論書が現存しているが、体系的な論書は、南方上座部と説一切有部の論蔵が重要であり、各部派ともに七つの論書がある。

南方上座部

（一）『法集論《ほうしゅうろん》』（Dhammasaṅgaṇī）　（五）『双論《そうろん》』（Yamaka）

（二）『分別論《ふんべつろん》』（Vibhaṅga）　（六）『発趣論《ほっしゅろん》』（Paṭṭhāna）

（三）『界論《かいろん》』（Dhātukathā）　（七）『論事《ろんじ》』（Kathāvatthu）

（四）『人施設論《じんせせつろん》』（Puggalapaññatti）

説一切有部（漢訳が中心で、Skt. 原典は断片が発見されているのみ）

（一）『集異門足論《しゅういもんそくろん》』　（五）『識身足論《しきしんそくろん》』

（二）『法蘊足論《ほううんそくろん》』
（三）『施設論《せせつろん》』
（四）『界身足論《かいしんそくろん》』
（六）『品類足論《ほんるいそくろん》』
（七）『発智論《ほっちろん》』

説一切有部の論書のうち、阿羅漢の迦多衍尼子《かたえんにし》（Kātyāyanīputra）が著した『発智論』が核となり、「六足《ろくそく》・発智」と呼び習わす。また『発智論』の注釈書が『大毘婆沙論《だいびばしゃろん》』であり、膨大な量の論書である。この注釈の概説書にあたるのが、倶舎論《くしゃ》である。

五蔵

基本的に仏教の典籍は三蔵に収まるが、三蔵以外の典籍を第四、第五の蔵として保有した部派の存在も確認される。玄奘《げんじょう》（六〇二―六六四）の『大唐西域記《だいとうさいいきき》』は大衆部が三蔵に「雑集蔵」と「禁呪蔵《ごんじゅぞう》」を加えて五蔵とし、吉蔵《きちぞう》（五四九―六二三）が『三論玄義』に引用した資料は、法蔵部が三蔵に「呪蔵」と「菩薩蔵」を加えて五蔵としていたことを伝え、部派によっては、伝統的な三蔵に加え、それ以外の典籍も編集していた痕跡が窺《うかが》える。とくに法蔵部の「菩薩蔵」という名前は、大乗経典の存在を想起させる。馬場［2010: 79］はこのような諸部派の経典制作という流れの中から、大乗経典も発展したのではないかと推察している。

三　ブッダの生涯

歴史が作ったブッダ

本書の目的は大乗経典を仏伝という視座から読み解くことにあるから、その準備作業として伝統的な仏伝の内容を概観しておくが、残念ながら我々が知りうるのは仏伝資料が説くブッダの足跡であり、歴史的ブッダの足跡ではない。そこで、ここでは「歴史を作ったブッダ」と「歴史が作ったブッダ」とを区別し、後者の仏伝を扱うことを断っておく（平岡［2010c］）。資料としては、南方上座部の仏典を中心にとりあげる。仏伝といっても、体系的な仏伝、つまりブッダの誕生から入滅までの出来事を編年体で綴った文献は、その最初期においては存在しなかった。そのような仏伝の出現は、まだ幾ばくかの時間を必要としたが、そんな中、ブッダの出来事を年代順に記述し、なおかつ比較的古い資料として位置づけられるのが『律蔵』の「大品《だいぼん》（Mahāvagga）」である。

律蔵は、五戒に代表されるように、出家者が解脱に向かうための規則を集めた経分別《きょうふんべつ》（Suttavibhaṅga）、僧団の運営を円滑にするための規則を集めた犍度部（Khandhaka）、そして附随《ふずい》（Parivāra）の三部から構成され、経分別と犍度部がその中心をなす。このうち「大品」は犍度部に含まれ、本来は具足戒《ぐそくかい》（出家者が受けるべき戒）を授けることに関する規定を扱う部分であるが、ブッダの成道後、様々な弟子たちを教化して出家させる過程で具足戒が問題になるので、結果として、あるいは自ずとその記述は仏伝の体裁をとることになる。

つまり、ブッダの成道後、梵天勧請《ぼんてんかんじょう》（六〇頁以下参照）をへて五比丘に最初の説法を行い、まずカウンディンニャが覚りを開いて阿羅漢となり、つづいて他の四人も覚りを開いて阿羅漢になったことが説かれ、以下、シャーリプトラとマウドガリヤーヤナの帰仏（仏教への帰依）に至る経緯が叙述されるのである。おそらくこれが仏伝の核であり、様々な肉付けをへたのち、体系的な仏伝へと発展し展開していったものと考えられる。ではこの「大品」に見られる仏伝の前後の出来事はどのように知ることができるのであろうか。入滅間近の出来事に関しては涅槃経が詳しく説くところであるが、比較的古い資料で成道以前の出来事を体系的に説くPāli文献は存在しない。今日、我々が知っている誕生から成道までの出来事は、経蔵や律中に散見する断片的な記述をパッチワークして復元したものである。

またブッダおよびブッダの覚りの神格化にともない、ブッダの生涯は現世という枠を越え、インドの輪廻思想と結びついて過去世にも拡がり、ジャータカと呼ばれる文献を生み出した。そしてその修行の起点として考えだされたのが、有名な燃灯仏授記《ねんとうぶつじゅき》の物語である（これについては、のちほど詳しく説明する）。かくして燃灯仏授記から仏滅にいたるまで仏伝の諸要素がでそろい、後代になると、それらの諸要素を取捨選択したり、また新たな要素を加えて多種多様の仏伝文学作品が誕生することになるが、ここでは仏伝の要素を以下の十六項目に整理する。

①燃灯仏授記
②菩薩としての修行
③誕生
④若き日のブッダ
⑤出家修行の六年
⑥降魔《ごうま》成道《じょうどう》
⑦梵天勧請
⑧初転法輪《しょてんぼうりん》
⑨カウンディンニャをはじめとする五比丘の覚り
⑩ヤシャスの出家と三十人の友人の教化
⑪ウルヴィルヴァー・カーシャパとその弟子の教化および弟二人の教化
⑫シャーリプトラとマウドガリヤーヤナの帰仏
⑬カピラ城帰郷
⑭デーヴァダッタの破僧（あるいは悪事）
⑮涅槃

⑯拡大する仏伝

仏伝の主要な出来事は、「四大仏事」や「八相成道《はっそうじょうどう》」と表現される。四大仏事とは「誕生・成道・初転法輪・涅槃」、八相成道とは「降兜率《ごうとそつ》・托胎《たくたい》・出胎《しゅったい》・出家・降魔・成道・初転法輪・涅槃」を内容とするが、ここでは、大乗経典（とくに法華経）を考えるうえで重要な十六項目について、その内容を概観する。梵天勧請からシャーリプトラとマウドガリヤーヤナの帰仏までは、比較的内容が古くて様々な仏伝の核になったと考えられる「大品」、その他の項目は諸資料に拠る。

①燃灯仏授記

遠い昔、スメーダというバラモンは世俗の生活を捨てると、生老病死を超越した境地を求め、ヒマラヤ山麓で出家の生活に入る。修行の甲斐あって彼が神通力を体得し、瞑想の楽しみを享受して時を過ごしていたとき、ディーパンカラ（燃灯）仏が世に出現し、大勢の弟子たちを引き連れて都に赴いた。それを知ったスメーダは、身体による奉仕を仏にしようと意を決し、泥濘《ぬかるみ》に自分の解いた髪を敷くと、その上をディーパンカラ仏が通られることを望んだ。そのとき、スメーダはこう考え、仏になる決意を固める。

大地に臥《ふ》せる我に、かく思念は生じたり。〈望まば、我は今〔ただちに〕我が煩悩を焼き尽くすことを得ん。しかるに、その姿誰にも知られず、我は法を証得して如何《いかん》せん。一切知性を獲得し、神を含める〔この世〕において、我は仏とならん。力を誇示し、我独り〔彼岸に〕渡りて如何せん。一切知性を獲得し、我は神を含める〔この世の〕人を〔彼岸に〕渡さん。力を示し、この奉仕によりて、我は一切知性を獲得し、多くの人を〔彼岸に〕渡さん。輪廻の流れを断ち切り、三有《さんぬ》を滅ぼし、法の舟に乗りて、我は神を含める〔この世の〕人を〔彼岸に〕渡さん〉と〔Ja. i 14.6–15〕。

ディーパンカラ仏はその手前で立ち止まり、「将来、彼はガウタマという名の仏になるだろう」と予言した。これがブッダの修行の起点となり、それ以降、今生《こんじょう》において菩提樹《ぼだいじゅ》の下で覚りを開き、仏になるまで、菩薩としての修行の生活がはじまる。

②菩薩としての修行

ブッダ自身が輪廻に否定的な態度をとっていた可能性を並川〔2005: 109–129〕は指摘するが、仏滅後、仏教は輪廻を前提とした教理の体系化や経典の編纂へと積極的に踏みだし、この流れに連動することでブッダの覚りの神格化はブッダの過去物語を創出した。つまり、ブッダの覚りは今生の六年間の修行だけで成就されたのではなく、数多の過去世での修行を資糧としてはじめて可能になったと考えられるようになったのである。この前世での修行を記すのがジャータカという文献であり、『生経』は全部で五百四十七話ある。このように多くの過去世物語が作られ、ときには人として、ときには動物として、ブッダは布施等の様々な行を実践してきたと説かれるようになったが、その数が膨らむにつれ、その起源、つまり修行の起点が問題視されるようになった。こうして考えだされたのが、先ほど取りあげた燃灯仏授記の話である。

③誕生

ブッダが属するシャーキャ族は、ヒマラヤ山麓で小国を形成し、その首都はカピラ城であった。シャーキャ族の王シュッドーダナと、その東隣のコーリヤ族から嫁いだマーヤーとの間にブッダは誕生した。さて、マーヤーの懐妊は、白象降下、あるいは霊夢托胎を以て語られる。生母マーヤーは白象が天から自分の胎内に入る夢を見て懐妊したと言う。ブッダは兜率天に住していたが、これを機にマーヤーの胎内に入ることになった。いよいよ臨月が近づくと、マーヤーは自分の故郷コーリヤへ向かったが、その途中のルンビニー園で休息をとり、そこに咲いていたアショーカ樹の一枝を折ろうと右手を差し伸べた瞬間に産気づいて、右脇からブッダを出産した。このとき、天から温水と冷水が降り注いだとするが、後代の資料では二匹の龍が温水と冷水を降り注いだとする。そして生まれたばかりのブッダは四方に七歩ずつ歩き、「天上天下唯我《てんじょうてんげゆいが》独尊《どくそん》」と宣言した。

誕生後、シャーキャ族の王宮に連れてこられたブッダを見て喜んだ父王は、バラモンたちを呼び寄せ、王子の将来を占わせる。その中のアシタ仙はブッダが三十二の偉人相を具えているのを見て、「王家に留まれば、武器を用いず法を用いて世界を征服する転輪王になるだろうし、また出家すれば、有情《うじょう》を救済する仏になるだろう」と予言した。この占相のあと、ブッダは「シッダールタ（目的を成就した人）」と命名された。一方、生母マーヤーはブッダを出産してから一週間後に亡くなり、その後はマーヤーの妹マハープラジャーパティーが養母としてブッダを育てた。

④若き日のブッダ

後代の仏伝は若きブッダが武芸に秀でていたと説くが、比較的古い資料はブッダを木の根元で沈思黙考する若者として描く。王国の規模はともかく、ブッダは王子として衣食住にわたり裕福な生活をしていたと推察される。ある資料によれば、絹の衣を身につけ、冬・夏・雨期の季節ごとに三つの宮殿が造られ、また庶民が屑米の飯や酸っぱい粥《かゆ》を食べていたとき、ブッダは白米と肉の食事を楽しんでいた。しかし、外見的には満ち足りた生活をしていても、内心は老病死に由来する苦に心を痛め、その贅沢な生活を心から楽しんでいたわけではなかったことを、成道後、ブッダは自分の青年時代を振り返って弟子たちに述懐している。これを定型化したのが「四門出《しもんしゅっ》遊《ゆう》」のエピソードである。

あるとき、ブッダは従者をしたがえて都城の東門から出ていくと老人に出会い、自らも老いの定めからは逃れられないことを知ると、老いの苦に打ちひしがれる。同様に南門では病人に、また西門では死人に出会い、病苦や死苦からも逃れられないことを知って、さらに心を痛めた。そして最後に北門から出たとき、沙門《しゃもん》（出家修行者）に出会い、自らも沙門として出家することを決意したと言う。ブッダの出家の理由を説明する話として、人口に膾炙《かいしゃ》した挿話である。

さて、宮殿での生活に悶々《もんもん》としながらも、ブッダは、生母マーヤーと同じコーリヤ族からヤショーダラーを娶《めと》った。これも資料によって一定ではないが、ブッダが十六歳か十七歳のころだと言われている。そして二人の間に男児が誕生し、「ラーフラ」と命名された。出家を考えていたブッダに息子誕生の知らせが届いたとき、「〔私の出家に〕障害（ラーフラ）が生じた」といったことが、この名前の由来とされる。またラーフラの誕生に関して、ある資料はブッダの出家前だとするが、別の資料では出家して六年後とする。また別の伝承によれば、ブッダには正妻ヤショーダラーの他に二人の妻がいたとされ、この伝承にしたがえば、ブッダには三人の妻がいたことになる。

⑤出家修行の六年

四門出遊で定型化されるように、老病死という人生の根本問題を解決すべく、ブッダは宮殿での生活を捨て、二十九歳にして出家の生活に身を投じた。従者チャンダカと愛馬カンタカを連れ、夜中密かに宮殿を抜け出て東に向かった。アノーミヤ川を越えたところで髪を切り、装飾品を体から外してチャンダカに渡すと、目的を成就するまでは決して帰国せずと告げて、チャンダカとカンタカを宮殿に返した。一人になったブッダはガンジス川を渡ってマガダ国の首都である王舎城に到着する。

ここでブッダは二人の仙人に師事した。まずはアーラーダ仙。ブッダは彼のもとで「無所有《むしょう》処《しょ》」という禅定《ぜんじょう》を修得した。アーラーダ仙はブッダの非凡な才能を知り、二人でともに弟子たちを統率しようと申し出るが、ブッダは彼の申し出を断ると、つぎにウドラカ仙に師事し、さらに高い境地の「非想非非想処《ひそうひひそうしょ》」という禅定を修得した。彼もブッダの優れた才能を知り、アーラーダ仙と同じ申し出をするが、ブッダはこれも断った。彼らの禅定は、老病死という苦からの解脱に資することがなかったからである。

禅定に満足しなかったブッダは、つぎに苦行を実践した。王舎城の西方にはガンジス川の支流であるナイランジャナー川があり、その川にそったウルヴィルヴァー地方のセーナーパティ村近くにある苦行林で六年間の苦行生活に入った。そのとき、ブッダは五人の仲間と一緒に苦行を実践したというが、この五人の仲間に関しては様々な伝承があり、父王シュッドーダナから遣わされたものとする資料や、またシュッドーダナとは無関係に五人を説く資料もある。

六年の苦行にもかかわらず、自らの目的が達成されなかったブッダは、ついに苦行も道にあらずと放棄した。当時のインドの実践道である禅定と苦行を実践しても目的が達成できなかったブッダは、自らの意志に基づいて行動せざるを得なくなる。断食などで疲労しきっていたブッダはまずナイランジャナー川で沐浴し、また村娘スジャーターから施された乳粥を口にし、気力と体力とを取り戻したが、それを見ていた五人の修行者はブッダが奢侈《しゃし》に堕したと考え、彼を見捨てヴァーラーナシーへと去ってしまった。

⑥降魔成道

気力と体力を取り戻したブッダは、無花果《いちじく》の樹の一種であるシュヴァッタ樹の根元に、農夫からもらったムンジャ草を敷き、目的を成就するまでは決してその座から立たないという誓いを立て、そこに坐った。するとそこに悪魔が現れ、ブッダの覚りを妨害しようとした。その経緯を古層の韻文経典『経集』から紹介しよう。

ナイランジャナー川の畔《あぜ》にて、安穏を得るべく、勤め励み精進し、努力して禅定せる我に、悪魔は悲観的なる言葉を発しつつ近づけり。「汝は痩せて、顔色も悪し。汝に死が近づけり。汝の死なずに生きる見込みは、千に一つ。友よ、生きよ。生きるべし。生きてこそ、功徳も積めん。梵行《ぼんぎょう》を実践し、聖火に供物を捧ぐれば、多くの功徳を積むこと能《あた》うべし。無〔駄なる〕努力をして何にならん」（中略）〔ブッダ曰く〕「汝の第一の軍勢は欲望、第二の軍勢は嫌悪、第三の軍勢は飢渇《きかつ》、第四の軍勢は渇愛と言わる。汝の第五の軍勢は憂鬱と眠り、第六は恐怖と言わる。汝の第七の軍勢は疑惑にして、汝の第八の軍勢は偽善と強情、

〔汝の第九の軍勢は〕誤りて得られたる利得・名誉・尊敬・名声と、〔汝の第十の軍勢は〕自己を褒め他者を貶すことなり。悪魔よ、これぞ汝の軍勢、悪魔の軍勢なり。悪魔よ、勇者でなくば、これに打ち勝つこと能わず。〔勇者のみ〕打ち勝ちて楽しみを得るなり」（Sn 425-439）

このように、ここでは悪魔の軍勢が十種ある。この他にも悪魔は愛執・不快・快楽という自分の三人娘を遣って、ブッダを誘惑させたという伝承も存在する。さてここで、マーラ（Māra）およびその周辺の呼称について、中村［1992a: 296］を参考にし、簡単に説明しておく。語源は√mṛ（殺す）であるから、Māraは「死神」と同一視され、「滅亡をもたらす者（Antaka）」や「死（Mṛtyu）」、また、ヴェーダや叙事詩に出てくる悪魔「ナムチ（Namuci）」と呼ばれることもある。さらには「悪しき者（Pāpimant）」や、形容詞「悪い（pāpa）」の比較級を使って「より悪しき者（Pāpīyas）」と呼ぶ場合もある。

さてこのマーラの理解だが、すでに見た十種の軍勢の名前やマーラの三人娘の名前を見ると、マーラが「煩悩」を象徴していることは明らかだ。このような理解に基づき、奈良［1988: 67］は「悪魔のささやきを釈尊の欲望、煩悩のささやきと置き換えてみると、人間釈尊の内なる心が見えて、大変に親しみがある」と指摘する。六年間の苦行を実践しても己《おの》が目的が達成されなかったブッダへの、「生きよ。生きてこそ、諸々の善も実践できるというもの」云々という悪魔の囁《ささや》きが、修行を止めて王族に戻りたいというブッダ自身の弱い心を象徴しているとすれば、奈良の指摘のとおり、非常に人間くさい心理的葛藤としてこのエピソードを理解することができる。

さて、悪魔の誘惑を斥けたブッダに、覚りの瞬間が近づく。ブッダが実際に何を覚ったのかは資料によって異なり、詳細は不明だが、もっとも一般的に認められているのは「十二支縁起《じゅうにしえんぎ》」である。つまり、出家の原因は「四門出遊」に代表されるように、「老病死」の苦からの解脱にあったから、ブッダは「何を縁として老死《ろうし》が起こるのか」と問い、「生を縁として老死が起こる」と、老死の根拠を生に求め、この「縁として起こる」という「縁起」の思考を繰り返すことで、「老死→生《しょう》→有《う》→取《しゅ》→愛《あい》→受《じゅ》→触《そく》→六処《ろくしょ》→名色《みょうしき》→識《しき》→行《ぎょう》→無明《むみょう》」という因果関係から、最終的に「無明」の存在を突き止め、この無明を止滅させることで老死の苦が止滅することを覚ったと言う。

しかしこれは最終形としての縁起説であり、これ以外にも五支縁起説・七支縁起説・八支縁起説・十支縁起説などがあり、これを以てしても、十二支縁起説がもっとも古く、ブッダの覚りの内容を直接伝えるものとは到底考えられない。この他にも、ブッダは四禅《しぜん》に入り、初夜・中夜・後夜に、それぞれ宿命通《しゅくみょうつう》（過去世に関する智慧）・天眼通《てんげんつう》（未来に関する智慧）・漏尽通《ろじんつう》（煩悩が尽きたことを知る智慧）という三明《さんみょう》を獲得して覚りを開いたという伝承など、成道に関しても諸説あることを指摘しておく。

⑦梵天勧請

これ以降は「大品」の記述に基づき、内容を概観していく。ブッダはアシュヴァッタ樹（＝菩提樹）の下で覚りを開き、成道後、様々な樹の根元で結跏趺坐《けっかふざ》しては解脱の楽を享受していたが、そのとき、ブッダはこう考えた。

〈苦労して獲得せし〔法〕を、今、説くべき要は我になし。貪《とん》と瞋《しん》に敗れし者等の、この法を覚るは極めて難し。〔この法〕は〔世間の〕流れに逆らい、微妙かつ微細、深遠にして見難し。貪を喜び、暗闇に覆われし者等は見るを得ず〉（Vin. i 5.8–11）

そこにブラフマン（梵天）が現れて、ブッダに説法を懇願する。

「嘗《かつ》てマガダに現れしは、垢穢《くえ》ある者等の思念せる不浄法なりき。その甘露《かんろ》の門を開き、垢穢を離れし者の覚りたる法を聞かしめ給え。山頂の巌《いわお》に立ちて普《あまね》く群衆を見わたすが如く、賢明なる者よ、普眼《ふげん》を具《そな》えし〔貴方〕は法より成る楼閣《ろうかく》に昇り、憂いを離れし〔貴方〕は、憂いに沈潜し、生・老〔・死〕に押し倒されし群衆を凝視し給え。勇者よ、戦勝者よ、立ち給え。隊商主よ、負債なき方よ、世間を闊歩《かっぽ》し給え。大徳よ、世尊は法を説き給え。〔法を〕

了知する者あらん」(Vin. i 5.29-6.4)

この勧請が三度にまで及ぶと、ブッダは説法を決意し、つぎのような偈《げ》を述べる。

「彼らに甘露の門は開かれたり。耳ある者等は〔邪〕信を捨てよ。梵天よ、我は人々の悩乱を想い〔煩い〕て、微妙なる正法を説かざりき」(Vin. i 7.4-7)

⑧初転法輪

ブッダはヴァーラーナシーの鹿野苑《ろくやおん》に行き、五比丘に対して最初の説法を行う。まずブッダは不苦不楽の中道、つづいてその具体的内容である八正道《はっしょうどう》を説く。順次その内容を示すと、つぎのとおり。

「比丘たちよ、出家者は二つの極端に親近してはならない。どの二つか。一つは、欲望の対象に対して愛欲や快楽を専《もっぱ》らにすることであるが、これは劣り、卑しく、俗であり聖ではなく、〔いかなる〕利もともなわない。もう一つは、自虐を専らにすることであるが、これは〔ただの〕苦であり、聖ではなく、〔いかなる〕利もともなわない。比丘たちよ、如来〔私〕はこの二つの極端に近づくことなく、中道《ちゅうどう》を正覚した。これが〔我等の〕眼となり智となって、

〔心の〕寂静《じゃくじょう》・証知《しょうち》・正覚《しょうがく》・涅槃の役に立つのである。比丘たちよ、如来が正覚し、〔我等の〕眼となり智となって、〔心の〕寂静・証知・正覚・涅槃の役に立つ中道とはどれか。それは八支より成る聖道である。すなわち、正見《しょうけん》・正思《しょうし》・正語《しょうご》・正業《しょうごう》・正命《しょうみょう》・正精進《しょうしょうじん》・正念《しょうねん》・正定《しょうじょう》である。比丘たちよ、これが〔我等の〕眼となり智となって、〔心の〕寂静・証知・正覚・涅槃の役に立つ中道である」（Vin. i 10.10–25）

⑨カウンディンニャをはじめとする五比丘の覚り

この説法を聞いていた五比丘は歓喜して、ブッダの説法を信受したが、最初に「生じる性質のものは、滅びる性質のものである」と知って、カウンディンニャに遠塵離垢《おんじんりく》の法眼《ほうげん》が生じた。そこでカウンディンニャはブッダに対して出家を申しいで、具足戒を授けてくれるよう懇願する。そこでブッダは彼の出家を認め、梵行を修するように言う。このあと、ヴァーシュパ、バドリカ、マハーナーマン、アシュヴァジットが、カウンディンニャと同様に法眼を生じて、ブッダに出家を申しいで、具足戒をうけて比丘となった。そして最後につぎのような表現が見られる。

> 世尊がこう言われると、心を喜ばせた五人衆の比丘は、世尊が説かれたことに歓喜した。〔世尊が教えを〕このように説明されていたとき、五人衆の比丘の取著《しゅじゃく》はなくなり、諸漏《しょろ》より心は解脱した。そのとき、世間に阿羅漢は六人となったのである（Vin. i 14.32–37）。

この表現から、ブッダはもちろん、カウンディンニャをはじめとする五比丘が全員、阿羅漢となったことがわかる。

⑩ヤシャスの出家と三十人の友人の教化

つぎに仏伝は、ヴァーラーナシーの長者の子ヤシャスの出家を語る。ブッダと同様にヤシャスも夜中に侍女の醜態を見て嫌悪感を抱くや家をとびだし、ブッダに近づくと、ブッダは彼に四聖《ししょう》諦《たい》の法を説く。一方、ヤシャスの不在に気づいた父は彼を捜してブッダのもとに赴くと、ブッダは彼の父に四聖諦の法を説く。

これにより父は法眼を生じて優婆塞《うばそく》となったが、ブッダが父に説法している間に、ヤシャスは諸漏より解脱したので、ブッダは彼が解脱した以上、還俗《げんぞく》して在家者の生活はできないと考え、父を説得して彼の出家を認めさせた。こうしてヤシャスはブッダに出家を願いでて、晴れて比丘となる。そして最後に「そのとき、世間に阿羅漢は七人となった」（Vin. i 18.2）とあるとおり、彼も阿羅漢になったと説かれる。またこのあと、ヤシャスの友人四人も彼にしたがって出家し、彼らも阿羅漢になったので、「そのとき、世間に阿羅漢は十一人となった」（Vin. i 19.37）と説かれる。またさらに、ヤシャスの五十人の友人がヤシャスのあとを追って出家し、阿羅漢となったので、「そのとき、世間に阿羅漢は六十一人となった」（Vin. i 20.34-35）ことになる。

さて、そこからウルヴィルヴァー村に向かう途中、三十人の友人たちが妻を連れて森で遊んでいた。その中で妻がいなかった一人は遊女を連れていたが、彼らが遊びに興じているとき、遊女は彼らの財物を持ち逃げした。躍起《やっき》になってその遊女を捜し回っている彼らはブッダにその理由を尋ねられ、事の次第を説明した。そこで彼らはブッダに「婦女を求めるのと、自己を求めるのと、どちらが優れているか」と尋ねられ、すっかりブッダに教化されてしまう。ブッダは彼らに説法し、彼らを出家させてしまった。

⑪ウルヴィルヴァー・カーシャパとその弟子の教化および弟二人の教化

つづいて「大品」はカーシャパ三兄弟の教化譚を伝える。ブッダは遊行《ゆぎょう》しながら、ウルヴィルヴァー村に到着し、そこで弁髪外道《げどう》のウルヴィルヴァー・カーシャパに彼の拝火堂での宿泊を請うと、「拝火堂に住む毒龍に害されなければ」という条件つきで彼はブッダに宿泊を許した。ブッダは神通力で見事にその毒龍を退治して鉢の中に収めたり、また他にも様々な神変を行使して、ウルヴィルヴァー・カーシャパを教化する。彼は出家して仏弟子となり、また彼の五百人の弟子も出家した。

その後、次兄のナディー・カーシャパも三百人の弟子とともに、また末弟のガヤー・カーシャパも二百人の弟子とともに出家し、ここで一挙に千人の弟子を獲得した。そして最後に、「〔世尊が教えを〕このように説明されていたとき、千人の比丘の取著《しゅじゃく》はなくなり、諸漏より心は解脱したのである」（Vin. i 35.11–12）と記され、「阿羅漢」という表現こそないが、彼らは皆、阿羅漢になったと考えられる。

⑫シャーリプトラとマウドガリヤーヤナの帰仏

シャーリプトラとマウドガリヤーヤナは、六師外道《ろくしげどう》の一人であるサンジャヤの弟子であった。二人は師匠サンジャヤの説に満足せず、もしも二人のうちのどちらかが真の師匠を見つけたら、他方にかならず知らせると約束して遊行をする。あるとき、シャーリプトラが五比丘の一人アシュヴァジットと出会い、その容姿がただならないのを察知すると、彼の師匠が誰で、またどのような教えを説いているかを尋ねた。アシュヴァジットは、まだ出家して日が浅いからと断りながらも、ブッダの教えを偈で説く。

「諸法は因より生ず。如来は〔諸法〕の因を説けり。大沙門は同様にその滅をも説けり」（Vin. i 40.28–29）

シャーリプトラはそれを聞いて法眼を獲得した。自分の進むべき方向を見出したシャーリプトラは、早速マウドガリヤーヤナのもとに行って事の次第を話すと、彼もそれを聞いて法眼を獲得する。こうして二人ともブッダを師とすることを決め、サンジャヤに引き留められたが意を翻さず、サンジャヤの弟子二百五十人を引き連れてブッダのもとに向かう。そしてブッダに出家を願いでると、許可されて比丘となる。

ここでは、彼らが阿羅漢になったとは明記していないが、ブッダのもとに赴くときの二人はすでに「無上にして甚深なる知の対象に関して、執着を滅尽し解脱した」(Vin. i 42.33-34) と表現され、またブッダから「二人は我が双璧の声聞となり、最上の勝《すぐ》れた二人組となるだろう」(Vin. i 42.32-33) と予言されており、二人が阿羅漢とみなされていたことは間違いない。『生経』は「マハーマウドガリヤーヤナは七日で、またシャーリプトラ長老は半月で、阿羅漢性を獲得した」(Ja. i 85.21-22) と説かれている。

⑬カピラ城帰郷

「大品」はシャーリプトラとマウドガリヤーヤナの帰仏を説いたのち、きわめて簡略にしかカピラ城帰郷に言及しない。それは、実子ラーフラの出家に関連するつぎの記述である (Vin. i 82.1 ff.)。あるときブッダは王舎城からカピラ城に向かい、父王シュッドーダナのもとに赴くと、ラーフラの母 (ヤショーダラー) はラーフラに「あの方はお前の父だ。行って余財をもらってきなさい」と告げる。ラーフラは言われたとおりにすると、ブッダはシャーリプトラにラーフラを出家させるように命ずる。このあと、出家の作法がブッダによって説明され、それにしたがってシャーリプトラはラーフラを出家させる。その後、身内の者の出家は非常に辛いので、父母の許可を得ずに子を出家させないでほしいとシュッドーダナ王がブッダに伝えると、ブッダは「父母の許可を得ていない子を出家させてはならない。出家させた場合は悪作《あくさ》に堕す」と規則を制定した。

つぎに『生経』（Ja. i 85.24 ff.）によりながら、その内容を紹介しよう。父王シュッドーダナは千人の従者を付けて大臣をブッダのもとに送り、カピラ城に招待しようとするが、彼らはブッダの説法を聞いて出家し、王の命令を果たせなかった。同じことが九度も繰り返され、ついに王はブッダの幼友カーローダーインを使者に選んだ。彼は出家を条件に王の命令をうける。彼はブッダのもとで聞法《もんぼう》し、阿羅漢性を作証《さしょう》して出家する。のちに彼の計らいで帰郷を決意し、カピラ城に戻ったブッダは、気位の高いシャーキャ族の者たちを神変で教化した。また托鉢する中で父王や妻ヤショーダラーと再会を果たすと、ブッダは異母弟ナンダや実子ラーフラを出家させてしまう。

⑭デーヴァダッタの破僧（あるいは悪事）

これについては、まず『律蔵』「破僧犍度」（Vin. ii 180.3 ff.）から見ていこう。シャーキャ族からも、ウパーリン、バドリカ、アニルッダ、アーナンダ、デーヴァダッタ等が出家したが、デーヴァダッタはアジャータシャトルに取り入り、「お前は父を殺して王になれ。私は世尊を殺して仏となろう」（Vin. ii 190.19–20）と教唆。それを知ったビンビサーラ王はアジャータシャトルに王位を譲った。王となったアジャータシャトルに、デーヴァダッタは刺客を送ってブッダ殺害を命じるが、刺客はブッダに教化され、優婆塞となる。

つぎにデーヴァダッタは自らブッダの命を奪おうとして霊鷲山から岩を落としたり、凶暴な象ナーラーギリを放ったが、失敗に終わる。そこで彼はブッダに五事（①林間で生活する ②屋内で寝泊まりしない ③食事は乞食のみ ④魚肉を食べない ⑤糞掃衣《ふんぞうえ》（ボロ布）を着る）を提案したが、それがうけいれられず、コーカーリカ等の五百人の比丘をつれて僧伽《そうぎゃ》を分裂させた。その後、比丘たちはデーヴァダッタの知らない間にシャーリプトラとマウドガリヤーヤナに連れ戻された。それを知ったデーヴァダッタは、熱い血を吐いて死んでしまう。ブッダはデーヴァダッタが地獄に堕ちて一劫《いっこう》は救われないと予言する。

つづいて、破僧自体をテーマとする根本有部律破僧事（SBhV ii 167.30 ff.）の内容を紹介する。大筋では『律蔵』と共通するが、五事の主張が破僧ののちになされる点が他の律と大きく異なる。すなわち、根本有部律破僧事では、石を落とし、象を放つという悪事ののちに破僧を企て、そのあとで五事を主張している。またヤショーダラーを陵辱《りょうじょく》しようとしたが彼女に軽蔑され、自暴自棄になったデーヴァダッタは爪に毒を塗ってブッダ殺害を謀《はか》るも、自らその毒に中《あた》って死亡。しかし、死ぬ直前に心の底からブッダに帰依したので、ブッダは「彼が阿鼻《あび》大地獄《だいじごく》に一劫留まったのち、独覚になるだろう」と予言する。そのあと、シャーリプトラとマウドガリヤーヤナが地獄を訪問し、デーヴァダッタの様子を見聞して比丘たちに報告する。

⑮涅槃

ここでは『長部』（DN ii 102.2 ff.）の小乗涅槃経に基づき、その内容をたどる。ブッダはアーナンダを侍者として王舎城から故郷のカピラ城へ最後の旅をするが、その途中、ヴァイシャーリーでチャーパーラ廟に行くと、アーナンダに「アーナンダよ、望むならば、如来は一劫でも、この世に留まるだろうし、あるいはそれより長い間でも留まることができよう」と三度告げたが、アーナンダはマーラに取り憑かれていたので、「世尊よ、師はどうか一劫の間、この世に留まってください。世尊はどうか命のあるかぎり、この世に留まってください。多くの人々の利益のために、多くの人々の幸福のために、世間の人々を憐愍《れんみん》せんがために、神々と人々の利益と幸福のために」と懇願しなかった。このために、ブッダはマーラの勧めをうけいれて入滅を決意した。

そしてこのあと、鍛冶工チュンダの施食をうけて激痛に見舞われ、「すべては過ぎ去る。怠ることなく努め励めよ」を遺言とし、ついにクシナガラで般涅槃《はつねはん》した。しかし、ブッダはいきなり般涅槃したのではなく、その直前に九つの禅定の段階（九次第定《しだいじょう》）、すなわち「四色界定＋四無色界定＋滅想受定」をへてから般涅槃したと説かれている。すなわち、初禅→第二禅→第三禅→第四禅→空無辺処《くうむへんしょ》定→識無辺処《しきむへんしょ》定→無所有処《むしょうしょ》定→非想非非想処《ひそうひひそうしょ》定→滅想受《めっそうじゅ》定→非想非非想処定→無所有処定→識無辺処定→空無辺処定→第四禅→第三禅→第二禅→初禅→第二禅→第三禅→第四禅→般涅槃という順番をへたことが説かれる。そしてそのあと、遺体は荼毘《だび》に付されて遺骨は八分されると、この遺骨に基づいて仏塔が建立されることになった。

⑯拡大する仏伝

ここでは少し先走って、燃灯仏授記から仏伝を説き起こしたが、歴史的に見れば、仏伝がブッダの誕生以前と入滅以後に拡大されるのは後代のことであり、すでに指摘したように、仏伝の祖型は「大品」に見られるような、成道からシャーリプトラとマウドガリヤーヤナの帰仏譚までであったと考えられる。これに誕生から成道までと、また資料によっては涅槃に関連する記述を付加して、後代の仏伝資料は成立するわけであるが、ブッダの神格化にともない、仏伝は誕生以前と入滅以後にも拡大することになった。まず最初の方向はブッダ誕生以前の過去に向かって進行する。

すでに並川［2005: 109–129］の指摘を紹介したように、仏典を古く遡れば遡るほど、輪廻に対する態度は否定的になるが、仏滅後、仏教は輪廻を前提とした教理の体系化や経典の編纂へと積極的に踏みだす。そしてこの流れに連動し、ブッダの覚りの神格化はブッダの過去物語を産出した。つまり、ブッダの覚りは今生の六年間の修行だけがもたらしたのではなく、過去世における数多の修行があってはじめて可能になったと考えられるようになったのである。これが「ジャータカ」と呼ばれるブッダの本生話であり、その起点が燃灯仏授記であることはすでに述べた。

また仏伝はブッダ入滅後の未来に向かっても進行していく。輪廻を超越したブッダの生涯が死後の未来につづくというのは奇異に聞こえるかもしれない。これは正法《しょうほう》・像法《ぞうほう》・末法《まっぽう》という仏教の終末論と関連づけて説かれるもので、ストロング（Strong［2001: 146–148; 2004: 221–226］）によれば、末法の世、未来仏である弥勒《みろく》の出現に先だって、世界に散逸したブッダの聖遺物である遺骨がブッダガヤに集結して三十二相八十種好《さんじゅうにそうはちじっしゅごう》を具えたブッダの像を結び、空中で双神変《そうじんぺん》を現じて般涅槃することを伝える資料があると言う。ストロング自身、その出典を明記していないが、それは『増支部』の注釈書に見られるので、紹介しよう。

「さて、あちこちで尊敬と恭敬とを得られなかった遺骨は、諸仏の加持《かじ》の力によって尊敬と恭敬とが得られる場所に行くが、しかし時が過ぎるたびに、どんな場所でも尊敬と恭敬とはなくなってしまう。〔しかし〕すべての遺骨は偉大なる菩提道場に集結してブッダの姿を執《と》ると、菩提道場に結跏趺坐《けっかふざ》したブッダの身体の素晴らしさを誇示する。〔その姿〕は、三十二の偉人相と八十の種好を有し、一尋の光を発し、一切を完備している。その後、〔シュラーヴァスティーで〕双神変を行使した日のように、神変を行使して見せる。その場所には、人となった有情が〔ひとり〕そこに行くのではない。鉄囲山《てっちせん》にいる一万の神々すべてが〔そこに〕集結して、「今日、十力者（ブッダ）が般涅槃される！　今日からおさき真っ暗だ！」と嘆き悲しむ。そのとき、遺骨からなる体から火が吹きだして、その体は無に帰する。すると、神々の集団は諸仏が般涅槃したときのように、天の香・花環・楽器によって供養を捧げ、

〔その場所を〕三回右遶《うにょう》して礼拝し、「世尊よ、未来世にブッダがお生まれになるのを見ることができますように！」と言うと、それぞれの場所に戻っていく。これが遺骨の消滅と呼ばれるものである」（Mp i 91.3–21）

このように、仏伝は今生の誕生と入滅という枠を越えて拡大していく。こうして仏伝をまとめてみると、ブッダは全部で三つの涅槃を経験したことになる。有余涅槃《うよねはん》（＝成道）、無余《むよ》涅槃（＝入滅）、そしてこの遺骨涅槃である。

第二章

大乗仏教成立の前提

一　仏——ブッダの死と仏身観の変遷

1　ブッダの死を巡る解釈——無仏の世か有仏の世か

仏塔への布施

大乗経典について考察する前に、大乗経典（あるいは大乗仏教）成立の背景について、仏（真理に目覚めた人）・法（仏が覚った真理、およびその教え）・僧（仏と法とにしたがって修行する出家者の集団）という、いわゆる三宝《さんぼう》（仏教の三大要素）の観点から問題点を整理しておく。まずは「仏」から。ブッダの死後、教団はブッダの死をどのように受容したのか。小乗涅槃経が仏滅後の仏教徒の生き方として「自灯明《じとうみょう》・法灯明《ほうとうみょう》（自分自身と法（真理）とを灯明（拠り所）とせよ）」を説いたことは有名であるし、またブッダの教えにしたがうなら、自ら修行して煩悩を断じ、輪廻から解脱することが仏教本来の姿であろう。そこにブッダの存在は必ずしも必要ではない。

ところが、である。ものごとは、そう理念どおりには進まない。規模はともかく、教団という組織の長を喪《うしな》ったのであるから、教団の組織運営に大きな影響がでたことは容易に想像できるし、事実、仏滅後百年（あるいは二百年）が経過した時期に、教団は分裂するという事態に陥っている。

教団運営という世俗的な営みはともかく、当時の仏教徒はブッダの死をどうとらえたのか。伝説では、ブッダの死後、五十六億七千万年先に弥勒仏が出現するまで、この世は無仏の世とされる。そんな時代に生きる仏教徒のブッダに対する思いはどうだったのか。この点を、伝統仏教の資料から「無仏／有仏」という視点でとらえなおしてみたい。まずは伝統仏教の主流派の見解である。興味深いことに、同じ部派の資料でも律と論ではブッダの死のとらえ方に大きな違いが見られる。

ブッダの遺骸は荼毘に付され、ブッダの肉体は消えてしまったので、仏滅後のブッダの存在は、遺骨をめぐる議論となる。遺骨以外にブッダの身体性を保証するものはない。そしてその遺骨は仏塔に納められているので、遺骨崇拝あるいは仏塔崇拝を手がかりに「無仏／有仏」は議論されることになる。この問題を考察した岩井［2012］によれば、遺骨が存続している間はブッダが生きているのと同じであると考えられていたらしい。その根拠は『大史』の記述、「遺骨が見られるとき、勝者（＝ブッダ）が見られる」である。そして有仏の期間は、「菩薩がマーヤーの母胎に結生したとき」から「遺骨の般涅槃するとき」までと考えられていた。遺骨の般涅槃とは、弥勒仏が出現する直前であるから、「無仏の世」はきわめて短い。

この他にも「遺骨＝生きているブッダ」を主張する用例として、「遺骨に危害を加えるのは、出仏身血《しゅつぶつしんけつ》の無《む》間業《けんごう》に類似する重い罪である」とする見解、また仏滅後でも僧伽の前に遺骨を納めた仏像を安置することで「ブッダを上首とするサンガに布施を行うことができる」という見解も見出せると言う。しかし、遺骨を生きているブッダとそのまま同一視するのはやはり無理があるだろう。

一方、同じ上座部系の説一切有部ではこの問題をどうとらえていたのか。倶舎論（AKBh 268.19–269.4）の記述から考えてみよう。ここでは布施が塔に布施される場合と有情に布施される場合に、その布施が誰のためになるかを議論しているが、塔への布施に関しては、その布施の「うけ手がいない」ことを理由に、誰が布施しても、その布施は他者、すなわち塔のためにはならないことが明記されている。この考えは塔に布施する福徳を論じる箇所で、つぎのように敷衍《ふえん》される。

【難者問】貪を有する者が塔（caitya）に対して自己のために施すということが説かれたが、その場合、受用者（upabhoktṛ）がいないのに、どのようして福徳が生じようか。【答】その理由は福徳が二種であるからである。〔すなわち〕施捨《せしゃ》に由来するもので施捨そのものから生じる〔福徳〕と、受用（paribhoga）に由来するもので施された物を受用すること（paribhoga）から生じる〔福徳〕とである。

塔（caitya）への〔布施〕は施捨に由来するなり。

受用（paribhoga）に由来する福徳ではない。【難曰】そこにはうけ取る者がいないのに、どのようにして何らかの福徳となろうか。【反難】ではどうしてうけ取る者がいるときは〔福徳と〕なるであろうが、いないときにはそうではないのか。【難者答】誰も恩恵を被らないからである。【反曰】それは理由にはならない。なぜなら、もし他者が恩恵を被ることによってのみ福徳があるとすれば、慈等の〔四〕無量と正見との修習において〔福徳〕はないことになる。よって塔に対しても福徳はあると認められるべきである（AKBh 272.4–11）。

ここでは塔に対する布施が布施者に福徳をもたらすかどうかが論点となっているが、この議論自体は仏塔にその布施の受容者であるブッダの存在を認めないことを前提に進められ、それ自体に疑義が呈されてはいない。そして説一切有部は、布施の受用者がいなくても、布施という行為自体が福徳をもたらすと主張する。またこの「仏塔にブッダは存在しない」という見解は偸盗《ちゅうとう》を論じるさいにも見られる。ここでは盗みを働いたときに、その偸盗罪が誰に対して成立するかが議論されている。

塔から盗めば、ブッダに対して偸盗〔罪〕が〔成立〕する。なぜなら、それらすべては般涅槃のときに世尊によってうけ取られたからだ、と。他の人々は言う。〔塔に布施されたすべてのものを〕守護されるべきものとして有している人々に〔対してである〕と（AKBh 244.9–11）。

ここでも「般涅槃のときに世尊によってうけ取られた」ことを理由に偸盗罪がブッダに対して成立することを説くが、これは裏を返せば「現在、ブッダは塔に存在しない」ことを暗示している。倶舎論の記述に基づくかぎり、ブッダは入滅した時点でまさに過去の人となり、現世を生きる有情とはまったくの絶縁状態にあると言えよう。同じ上座部系の部派でも南方上座部は、誓願の受容は別にして「遺骨＝生きているブッダ」と考えていたようだが、説一切有部は、倶舎論によるかぎり、「遺骨＝生きているブッダ」とはみなさず、仏滅とともに無仏の世になったと考えていたことになる。

つぎに律文献の記述を見てみよう。『律蔵』には遺骨崇拝あるいは仏塔崇拝に関する記述がないので、ここでは説一切有部の律文献の用例を中心に見ていくが、そこにはつぎのような話が見られる。農作業をしていたバラモンはブッダを見かけたが、作業を止めてブッダに挨拶すれば仕事が捗《はかど》らないし、かといってブッダに挨拶しなければ、自分の福徳が断たれてしまうと考えた彼は、農作業をしながらブッダに挨拶した。これを見たブッダはアーナンダにこう告げる。

「あのバラモンは過ちを犯した。もしも彼が〈この場所には正等覚者カーシャパの遺骨がそのまま保存されている〉と考え、自ら知見が生じていれば、彼は私に近づいて礼拝したであろう。そうすれば彼は二人の正覚者に対して挨拶したことになったのだ。それはなぜか。アーナンダよ、この場所には正等覚者カーシャパの全身の遺骨がそのまま保存されているからだ」（BhV 74.9–15; Divy. 76.25–77.3, 465.23–29; 平岡［2007a: 162–163; 2007b: 268］）

このように、ここでの用例は生きているブッダと遺骨となった正等覚者カーシャパとが同一視されており、これを以てショペン（Schopen［1987］）は遺骨が生きたブッダとして機能し得ることを指摘する。ショペンの引用はここまでだが、むしろこの直後の記述の方がより重要である。

> そのとき、同志アーナンダは大急ぎで上衣を四重にたたむと、世尊にこう申しあげた。「世尊は、設《しつら》えられた座にお坐りください。そうすれば、この地所は二人の正等覚者によって受用された（paribhukta）ことになるでしょう。すなわち〔過去の〕正等覚者カーシャパと、今の世尊によってであります」と（BhV 74.16–19; Divy. 77.3–7, 465.29–466.4; 平岡［2007a: 163; 2007b: 268］）。

倶舎論で仏塔に受用者がいないことを前提にした議論の中で用いられていた「受用者」や「受用」と訳したSkt.はupabhoktṛまたはparibhogaであるが、ここでは遺骨となったカーシャパがその座を「受用する（paribhukta）」というように、同じ語根に由来するSkt.が用いられ、これも遺骨が生きた仏として機能することを認めた記述と言える。したがって、その遺骨を納めた仏塔が施物の受用者となり得るのは明白である。またショペンはこの少しあとの箇所も続けて引用する。ここではブッダが仏塔に対する様々な布施の功徳を詩頌で述べ、最後にそれを締めくくる詩頌を説く。

「生〔仏〕の供養も、涅槃〔仏〕にせよ、心浄《きよら》かにし平等に供養せば、福徳に差別なし」(BhV 78.8–9; Divy. 79.19–20, 469.3–4; 平岡［2007a: 166; 2007b: 271］)

これは、生きている仏と般涅槃した仏が同等であると明示している。遺骨とブッダとが機能的に同一視されている例として根本有部律からショペンが引用するのは以上だが、同様の用例はこの二つにかぎらない。また仏塔が理念的に「ブッダ＝仏塔」というに留まらず、仏塔等のアイコンが五体を備えた仏とみなされていた可能性を示す用例が根本説一切有部律には存在する。まずは仏塔が生きているブッダと同一視されている根本説一切有部薬事の用例から。これはカニシカの出現を予言するブッダの言葉の中に見られる。ブッダが地方を遊行し、カルジューリカーにやってきたとき、子どもが泥の塔を拵《こしら》えて遊んでいるのを見て、ブッダは夜叉《やしゃ》ヴァジュラパーニにこう告げる。

「ヴァジュラパーニよ、私が般涅槃して四百年がたつと、クシャナの家系からカニシカと呼ばれる王が現れるだろう。彼はこの場所に塔を建立せしめるだろう。それにはカニシュカ塔

という名前がつくだろう。そして私が般涅槃したのち、〔その塔〕が仏の義務を果たすだろう」（BhV 2.2-5）

ここでは仏塔が仏の義務を果たすと明言されているが、これは仏塔が生きたブッダとまったく変わらないものと認識されている格好の用例と言えよう。つぎに仏塔が「ブッダを象徴するモニュメント」に留まらず、手足を備えた仏として機能していた可能性を検証するが、これにヒントを与えてくれるのが誓願の用例である。根本説一切有部には潤沢な説話が存在し、とくに業報説《ごうほう》話の豊富な点では他部派の律の比ではない。業報説話で現在の果報を過去の業で説明し、また未来の果報を現在の業で説明するさいに重要な役割を演じるのが、誓願と授記《じゅき》（ブッダによる来世の予言）である。両者は単独でも用いられるし、関連づけて説かれることもある。まずは基本的な型から紹介しよう。貧女がブッダに灯明の布施をしたあと、自分も将来ブッダと同じようになりたいと誓願する話。

〔彼女は世尊の〕足下に平伏して（pādayor nipatya）、誓願を立てた。「ちょうどシャーキャムニ世尊が、人の寿命が百歳の時代に、シャーキャムニという名の大師として世に出現されたように、私もこの善根《ぜんこん》によって、人の寿命が百歳の時代に〔あなたと〕同じシャーキャムニという大師となりますように（後略）」（BhV 90.3-6; Divy. 90.3-6; 平岡［2007a: 183–184］）

このあと、ブッダは彼女の誓願が成就すると予言する。ブッダに布施すると、その誓願者は「ブッダの両足に平伏して（pādayor nipatya）」誓願を立てることになっているが、これと同じ表現が仏塔に布施等の供養をしたあとで誓願する場合に見られる。一例を紹介しよう。ここではブッダの本生である組合長が正等覚者クシェーマンカラのために仏塔を建立し、つぎのように誓願する。

組合長はその塔（caitya）を作り終えると、〔塔を〕繁々《しげしげ》と眺めながら、〔仏に見たてられた塔の〕両足に平伏して（pādayor nipatya）誓願した（Divy. 245.24-26; 平岡［2007a: 442］）。

仏塔に対して誓願を立てる場合も「両足に平伏して」という表現を含む用例はかなりあるが、これは仏への供養・誓願のパターンから借用されたために生じた混乱ではなく、当時の仏教徒が仏塔を人格的な仏とみなしていた証左ではないか。つまり、仏塔は「ブッダを象徴するモニュメント」という域を越え、五体を備えた生身のブッダそのものとみなされていたと推察されるのである。さらに興味深いのは、遺骨を納めた仏塔だけでなく、独覚の遺骨を納めた骨壺やブッダの肖像画に対しても「両足に平伏す」という表現が見られることである。またブッダのアイコンとは直接関係ないが、後世の僧院建築に大きな影響を与えたとされる香房《こうぼう》（gandhakuṭī）のあり方も、当時の説一切有部の仏身観を考えるうえで重要だ。ショペン［2000: 131-146］（Schopen［1990］）は、ブッダ自身が実際に存在している部屋として香房が機能していること、またブッダ入滅後も、ブッダに寄進された物品に関してはブッダが法的な所有権を有していたと指摘する。

論の理解とは逆に、律の用例を見れば、ブッダは入滅して無に帰するのではなく、仏塔・骨壺・仏画・香房など、ブッダと関連づけられるアイコンはすべてブッダと同等とみなされ、信仰心を以て仏塔に対峙する者は、仏塔を「土を盛った半円球の物体」や「ブッダを象徴するモニュメント」、あるいは「理念的にブッダと同等」という枠を越えて、肉体的な身体を備えた色身《しきしん》のブッダそのものとみなしていたことがわかる。これは図像学的な観点からスノッドグラス（Snodgrass［1985: 360-365］）によって論証されているし、また下田［1997: 119-124］も、ミュス（Mus［1932-34］）やエバート（Ebert［1985］）によりながら、仏塔が単にブッダの死を示した墓標に留まらず、「ブッダの涅槃における永続する身体」であり、また「ブッダの絶対的なはたらきに出会うための場」としてとらえられていた点を指摘する。

以上、説一切有部の文献によりながら、仏滅後のブッダの存在がどう考えられているかを考察し、論と律でその理解に大きな齟齬《そご》があることを確認した。これはどちらが「正しい／間違い」という議論ではなく、同じ部派でもそれぞれの立場で異なる理解が生じていたことを物語っているのだろう。論の記述が部派の建前ではあろうが、実際の信仰レベルでは、仏塔が生きた仏として機能していたと考えられるのである。

無仏の嘆き

実際の信仰レベルでは、南方上座部・説一切有部とも、遺骨が生きたブッダとして理解されていた用例が確認できた。したがって、ある仏教徒は仏滅後も有仏の世を生きていたことになるが、当時の仏教徒すべてがそう考えていたわけではない。「無仏の世」を生きることを嘆く話も見られるからだ。これは、仏滅後の世を遺弟が嘆くという話ではなく、ブッダが菩薩時代に無仏の世を嘆くという話である。ここでは『六度集経《ろくどじっきょう》』（T. 152, iii 43a13–c20）の話を紹介しよう。長いので、抄訳を示す。

> ブッダは言われた。あるとき、私は常悲（Sadāprarudita）という菩薩だった。常悲菩薩は常に涙を流して歩いていた。その時代は無仏の世であり、経典もすべて尽きはて、沙門や声聞の集団も存在しなかったので、常悲菩薩は仏に逢って経の真髄を聞きたいと常に考えていたが、その時代の世は汚れきっており、邪悪に向かっていた。世は愁うべきほど荒廃していたので、彼は嘆き悲しんでいたのである。
>
> その昔、影法無《ようほうむ》穢《え》如来《にょらい》がいたが、入滅して久しく、彼の教法もすべてなくなっていた。常悲菩薩は夢でその仏を見ると、仏は彼に法を説いた。菩薩は仏から法を聞くと、無量の喜びを得た。即刻、彼は出家し、妻子を捨てて深山に入ると、閑寂な場所を住居とし、野生の草

木の実を自ら食していた。彼は山の中で手を挙げ、胸を叩きながら、泣き叫んで言った。「私は生まれてこの世で仏に会えず、仏の教えを聞けなかったことを怨む！　十方に現在せる世尊は皆、見聞自在であり、一切知者である。仏のお姿は麗《うるわ》しく、光り輝き、行かれないところはない。どうか、尊い霊力を行使し、私に仏を見させてくださるように。そうすれば、広汎なる仏道の極意を聞けるように」と。

そこに天の神が降りてきて言った。「嘆き悲しむなかれ。仏には素晴らしい教えがある。般若波羅蜜の智慧というものだ。過去の諸仏は、今、現に存在する。昔から今まで、皆これで仏となった。汝は必ずこれを求めて、その文を読誦学習し、その意味を理解し、これを大切にして実践すれば、汝は天人師《てんにんし》となろう」と。

常悲菩薩は仰ぎ見て返答した。「誰からその尊い教えを聞けばいいのか。どのような方法を使い、どの国に行けばよいのだ。その師の族名は？」と。

天人は応えた。「汝はここからまっすぐ東に行け。自分の心を空しくして、様々な願いを断て。自分の心に執着して、私の教えに背いてはならない。そうすれば、今に般若波羅蜜の聖典を見ることができよう」と。

常悲菩薩は天を仰いで言った。「謹んで承諾する。終始、それを捨てよう」と。

天人は重ねていった。「精進して、その言葉を忘れぬように」と。

菩薩はこの教えをうけると東に進んだが、数日して進むのを止め、深く自ら沈思した。

〈私は薄運だ。生まれてから仏に会えなかった。世間には沙門もいない。仏の般若波羅蜜は無明の闇を除く尊師であるのに、この先、どれほど遠くにいらっしゃるのか見当もつかぬ〉と。

まだ尊師に会えない間、菩薩の心中の悲しみは激しく、悲しみながら進んだ。彼の純粋な真心は極まり、諸仏の感ずるところとなった。上方より仏が飛来し、彼の前に現れた。仏は菩薩を賛嘆して言われた。「素晴らしい、素晴らしい！　汝の快健さは世に希《まれ》である」と。

菩薩は仏を見ると、喜びかつ悲しみながら、地に頭をつけて申しあげた。「願わくば仏よ、私を哀れみ、私の煩悩を遮断し、私の盲を破り、私の病を癒し、私のために経を説いてくださいませ！」と。

仏は彼に告げて言った。「ここから東に万里を行くと、ガンダーラ国がある。諸菩薩の住む城だ。国中の者たちはみな優れた人々である。その中でも徳の優れた法来《ほうらい》(Dharmodgata)菩薩は様々な経典を大切にし、その智慧は無限である。般若波羅蜜の経を解説し、何度もこれを教えている。汝はそこに赴き、彼に会うのだ。必ず汝の師となろう。法来菩薩は汝に覚りを求めるよう勧めるはずだ。早く駆けつけ、彼に師事せよ。彼が汝に般若波羅蜜の偉大な徳をあれこれ説くだろう」と。

これを聞いて常悲菩薩は喜び、現在の禅定を得て、様々な雑念はすべて寂滅《じゃくめつ》した。諸仏が自分のために般若波羅蜜の徳を余すところなく説いてくれたのを見て、自ら精進し覚りを求める功績を賛嘆すると、諸仏は皆、こう言った。「素晴らしい！　汝は覚りを志しているので、それを得ることができよう。我々もその昔、はじめて菩提心を発したときも皆そうだった。過去・未来・現在の仏は皆、汝のように覚りを求めたのだ。汝は必ず仏となり、一切の有情を救済するだろう」と。

ここで常悲菩薩は禅定から覚めた。左右を見渡したが、諸仏はいなかった。するとまた、心に悲しみを抱き、涙を流しながら言った。「諸仏の不思議な光はどこから来るのであろうか。今、それは去って、このありさまだ」と。

以上が菩薩の禅定波羅蜜である。心を集中すればこうなるのである。

ここでは「無仏の世」といいながら、夢の中で仏にあったり、彼の純粋な心に打たれて仏が飛来したり、さらには禅定で仏と出会ってもいる。しかし、仏が見えなくなると、傍線で示したように、常悲菩薩はすぐに悲嘆にくれるので、「常悲」と名づけられている。一例ではあるが、この説話は無仏の世を嘆き悲しむ人々が、仏滅後、確かに存在していたことを反映していると考えられるのである。

すでに指摘したように、南方上座部は「遺骨＝生きているブッダ」と考えていたようであり、それに人々が満足していたと考えるなら、彼らは有仏の世を生きていることになり、ことさらに新たな仏を求める必要もない。そこからは大乗仏教が発生することはなかった。また南方上座部が考えるように、ブッダが生きているとしても、それは旧来の命を引き継ぐブッダ、つまり遺骨という色身の延長線上にあるブッダであり、それは残念ながら「新たな法を説く」ブッダではなかったのである。

大乗仏教発生の背景には、倶舎論で見た説一切有部の教義のように、南方上座部の「遺骨＝生きているブッダ」を否定し、ブッダの入滅を以て今が無仏の世になってしまったという冷酷な事実認識がある。彼らが求めたのは、遺骨という色身の延長上にある〈新たな法を説かないブッダ〉ではなく、法身《ほっしん》という永遠の命を吹き込まれた〈新たな法を説くブッダ〉だったのではないか。ただ、大乗経典を創作した者が仏塔（色身的に生きているブッダ）と対峙する中で、閃《ひらめ》き（霊感）を働かせ、大乗経典を制作した可能性は否定できない。では、そのブッダ観の変遷について見ていく。

2　ブッダ観の変遷

二身説

ブッダの身体をどう解釈するか。ブッダの入滅後、肉体的な身体が荼毘に付されて遺骨だけが残されたとき、ブッダ観の議論がいよいよ俎上《そじょう》にのせられたと考えられる。ブッダの「無常」の教えに反し、人は永遠を求める。南方上座部および説一切有部の律蔵は、それを遺骨に求めた。

ブッダは亡くなったにもかかわらず、「遺骨＝生きているブッダ」と解釈しなおし、そこにブッダの永遠性を確保しようとしたのである。いや正確に言えば、弥勒仏が出現するまでの間を有仏の世とみなしたのであった。一方、大乗仏教は遺骨という色身には見切りをつけ、法身にブッダの永遠性を見出そうとした。八千頌般若経《はっせんじゅはんにゃきょう》は随処で「色身／法身」という対立軸でブッダをとらえ、「ブッダは色身ではなく、法身として見るべきである」という法身重視の立場を表明し、他の大乗経典もこれと同じ立場をとる。

　大乗経典の考察の前提として「色身／法身」、とくに「法身」が伝統仏教の文献でどう説かれているかを見ていくが、これについては新田〔2004〕を参考にしながら論を進めていく。まず、「法身」の意味内容について整理しておこう。というのも、この訳語のもとになるdharma-kāya/dhamma-kāyaの解釈が一様でないからだ。dharma/dhammaとkāyaという複合語の解釈には二つの異なった立場がある。一つは格限定複合語（tat-puruṣa）であり、これにしたがえばdharma-kāyaは「法の集まり」「教法の集成」を、またこれを所有複合語（bahuvrīhi）と理解すれば、「法を身体とする〈ブッダ〉」を意味する語となる。どちらを意味するかは文脈次第である。

　これをふまえて南方上座部と説一切有部の三蔵の用例を整理すると、経蔵には『長部』に所有複合語の用例が一つ、また『ミリンダ王経』に格限定複合語がある。律蔵に「法身」の用例は見出せないが、論蔵では法身の用法に変化が見られ、ブッダゴーサの注釈書には所有複合語の用例に加え、法身を「五《ご》分《ぶん》法身（仏を構成する五つの要素）」と解釈する場合もある。ダンマパーラの注釈書になると、それらに加え、法身がさらに「十八不共法《じゅうはちふぐほう》（仏のみに具わる十八の特質）」をも意味するようになる。

つぎに説一切有部の三蔵であるが、どの文献も基本的に法身を所有複合語と理解し、経蔵には『雑阿含経』に一例だけしか存在しないが、律蔵になると、色身との対比で法身が説かれ、『十誦《じゅうじゅ》律《りつ》』『根本説一切有部毘奈耶雑事《こんぽんせついっさいうぶびなやぞうじ》』『薩婆多毘尼毘婆沙《さつばたびにびばしゃ》』では色身よりも法身重視の立場、また『根本説一切有部毘奈耶皮革事《ひかくじ》』には「色身のブッダを見たい」という色身重視の用例も存在し、その立場に一貫性は見られない。論蔵では『大毘婆沙論《だいびばしゃろん》』に法身を「五分法身」「十八不共法」ととらえる立場に加え、「無学法」と理解する用例も見られると言う。

そして新田［2004: 222］は、山口［1973］やハリソン（Harrison［1992］）に基づき、「法身」の使用は時代が下ってからではあるが、初期経典の『相応部』に「法を見る者は我を見る」というブッダと法を同一視する表現があることを考えれば、その当初から両者の同一性は意識されていたと結論づける。よって「色身／法身」の対立軸でブッダを見る視点は、説一切有部の律蔵を除くと、伝統仏教にはそれほど多く確認できないので、両者の対立が明確になるのは大乗仏教以降と考えられる。

では、「色身／法身」の内容を説明する大乗の論書や経典を紹介する。般若経の注釈書『大智《だいち》度論《どろん》』は「色身／法身」を、「生身（色身）の為の故に三十二相と説く。法身の為の故に無相と説く。仏身は三十二相八十種行相を以て自ら荘厳し、法身は十力《じゅうりき》・四無所畏《しむしょい》・四無礙智《しむげち》・十八不《じゅうはちふ》共法《ぐほう》の諸の功徳を以て荘厳す」（T. 1509, xxv 274a12–15）と説明する。つまり、眼に見える身体的特徴の三十二相八十種好で飾られているのが生身（色身）、眼に見えない十力等の諸徳で飾られているのが法身という理解である。

　これと同様の理解は十地経《じゅうじきょう》の注釈書である龍樹《りゅうじゅ》の『十住毘婆沙論《じゅうじゅうびばしゃろん》』にも見られ、「菩薩は是《こ》の如く三十二相八十種好を以て仏の生身を念じ已《おわ》らば、今まさに仏の諸の功徳法を念ずべし。（中略）諸仏に無量の諸法あると雖も、余人と共ならざるもの四十法あり。若《も》し人念ぜん者は則ち歓喜を得ん。何を以ての故に。諸仏は是れ色身にあらず。是れ法身なるが故なり」（T. 1521, xxvi 71c9–15）と説かれる。『大智度論』は、先ほどの法身・生身（色身）をそれぞれ法性身・父母生身と表現し、つぎのように両者の違いを説明する。

> 仏に二種の身有り。一には法性身、二には父母生身なり。是の法性身は十方虚空に満ちて無量無辺なり。色像は端正、相好は荘厳にして、無量の光明、無量の音声あり。聴法の衆も亦《ま》た虚空に満ち、常に種種の身、種種の名号、種種の生処、種種の方便を出して衆生《しゅじょう》を度し、常に一切を度して須臾《しゅゆ》も息《やす》む時なし。是の如きの法性身なる仏は能《よ》く十方世界の衆生を度す。諸の罪報を受くるは是れ生身仏なり。生身仏は次第して説法すること人の法の如し（T. 1509, xxv 121c26–122a4）。

父母生身（のちに「生身仏」と換言）とは文字どおり「父母から生じた肉体的身体」に対し、法性身は肉体という限定を越えた、より抽象度の高い、それゆえに方便として様々に変化しうる不滅の身体を意味していると考えられる。ではこれに基づき、大乗経典が色身よりも法身を重視していることを、大乗経典の用例で確認してみよう。まずは八千頌般若経から。般若経には様々な種類があり、「般若経」という呼称はその総称である。思想的立場を表明した空思想、実践主体としての菩薩、およびその実践徳目としての六波羅蜜（布施・持戒《じかい》・忍辱《にんにく》・精進・禅定・智慧）が般若経の主題だが、その中では智慧（般若）波羅蜜が重要視され、八千頌般若経ではこの般若波羅蜜が法身と同一視される。第二十八章では、ブッダがアーナンダにつぎのように説く。

「アーナンダよ、お前はこの般若波羅蜜をよく心に留め、よく保ち、よく理解し、よく宣布せよ。きわめて明瞭な文字・文章・発音によって、明瞭に説明された〔般若波羅蜜〕を把握しなさい。それはなぜか。アーナンダよ、「〔般若波羅蜜〕は過去・未来・現在の如来・阿羅漢・正等覚者たちの法身である」という、この道理を権威としているからだ」（AṣP 228.11–14）

このあと、ブッダはさらにアーナンダに「この般若波羅蜜を供養すれば、私を供養したことになるし、過去・未来・現在の諸仏・諸世尊に崇敬を抱いたことになるのだ（取意）」と説いているので、法身（般若波羅蜜）の供養が、色身の仏の供養を包摂するか、あるいは法身が色身の上位に位置することを示唆している。これはつぎの用例からも確認できよう。第三章では、ブッダが神々の主シャクラ（＝カウシカ）に説く。

「カウシカよ、如来が自己の存在としての身体を得ているということは、般若波羅蜜の善巧《ぜんぎょう》方便《ほうべん》として生じているのであり、一切知者の智の拠り所となっている。というのも、この拠り所に依って一切知者の知が顕現し、仏の身体が顕現し、教えの本体が顕現し、僧伽の本体が顕現しているからだ」（AsP 29.13–16）

このように、法身たる般若波羅蜜はすべての基体として位置づけられる。とすれば、当然、重視されるべきは色身ではなく、法身ということになる。つぎに引用する第三十一章の用例は明確にこの姿勢を示している。ここでは、先ほど引用した『六度集経』の常悲菩薩の別バージョンが見られるが、話の流れは基本的に同じであり、法を求める常啼《じょうたい》菩薩が、師である法上菩薩から般若波羅蜜の法を聞く場面に注目しよう。

「如来の去来を妄想する者は皆、ちょうど水でないものに水という観念を抱く男のように、生まれつき愚者であり智慧劣る者と言うべきだ。それはなぜか。如来は色身として見るべきではないからだ。如来は法身である。善男子よ、法性に去来《こらい》がないように、善男子よ、如来に去来は存在しない」（AsP 253.22–26）

最後に色身と法身とを対立させ、両者の違いを明確にしながら、色身よりも法身重視の姿勢を明確にしている第四章の用例に注目してみよう。ここではブッダが神々の主シャクラ（＝カウシカ）と会話を交わす中で、法身重視の立場がシャクラによって表明される。冒頭でブッダはシャクラに「如来の遺骨がその頂まで充たされた閻浮提《えんぶだい》と、般若波羅蜜が書き記されたもののうち、どちらか一方が与えられるとすれば、お前はどちらを取るか」という質問を投げかける。それに対するシャクラの答えはつぎのとおり。

「世尊よ、私は般若波羅蜜を取ります。なぜならば、如来の導師（＝般若波羅蜜）を崇敬するからです。実にこれが如来の真正の身体なのです。なぜなら、世尊は「諸仏・諸世尊は法身である。比丘たちよ、けっして今ある身体を〔真の〕身体と考えてはならぬ。比丘たちよ、私を法身が完成したものと見よ」と言われたからです。この如来の身体は般若波羅蜜という真実の究極から顕現したものと見るべきなのです。しかし世尊よ、私がその如来の遺骨を軽視しているわけではありません。世尊よ、私はその如来の遺骨を尊重します。しかし世尊よ、この般若波羅蜜から生じた如来の遺骨が供養をうけるわけです。よって世尊よ、この般若波羅蜜が供養されることで、その如来の遺骨も完全に供養されたことになるのです。なぜなら、如来の遺骨は般若波羅蜜から生じたものだからです。（中略）如来の身体（色身）は一切知者性の容器ではありますが、〔如来の身体〕は智を生ずるための縁でも因でもありません。こうして世尊よ、如来の身体をとおして一切知者の知の因となる〔般若波羅蜜〕が供養されるのです。（中略）世尊よ、如来の身体には般若波羅蜜が行き渡っているから供養をうけるのです」（AṣP 48.7–25）

へたな解説は無用なほど、色身と法身との関係が見事に説かれている。この少しあとでも、遺骨（色身）と法身との関係がシャクラの言葉として、「阿羅漢・正等覚者・如来が完全に涅槃に入られたときにも、これらの如来の身体は、一切知者の容器となったという理由で、それらの如来の遺骨が供養をうけるわけです」と説かれ、さらに念を押している。仏を仏たらしめる本質は法身であり、色身（遺骨）ではないことが強調されているが、これは伝統仏教の遺骨重視の立場を暗に批判した記述と考えられる。

般若経と同じく空思想を主題とする代表的な大乗経典に維摩経《ゆいまきよう》がある。在家者の維摩居士が出家者の仏弟子を次々とやり込めるのは有名だが、この経典も法身重視の立場を取る。たとえば、第二章では維摩居士が人々につぎのように説く。

「友よ、如来の身体とは法身のことであり、布施から生じ、戒・定・慧・解脱・解脱知見（五分法身）から生じ、慈・悲・喜・捨（四無量心）から生じ、（後略）」（VN 70.2-4）

また同じ第三章では維摩居士がアーナンダにつぎのように説く場面がある。

「大徳アーナンダよ、如来〔の身体〕は法身であり、食物〔で養われる〕身体ではありません。如来は世間を越え、一切の世間の法を超越しています。如来の身体には痛苦なく、一切の漏《ろ》を遠離《おんり》し、如来の身体は無為で、一切の思慮を離れています。大徳よ、〔如来〕に病気があると考えるのは不合理で、不適切です」（VN 132.2-5）

以上、空思想を主題とする八千頌般若経と維摩経の用例を中心に大乗経典の法身重視の立場を確認したが、つぎに三昧《ざんまい》系の経典である三昧王経の用例を紹介する。

・法身〔と見ること〕に安住せる者は、一切の存在を非存在と知る。また非存在との想いを捨離せる後、彼は決して勝者の王（仏）を色身として見ず（SR 50.9-12）。

・〔三昧の獲得を〕望む〔菩薩〕は、如来を法身としてさえ認識しない。まして況《いわ》んや、如来を色身として認識することをや（SR 67.13–15）。
・〔菩薩〕は十力者（仏）を形あるものとして見ず、人中の獅子（仏）を法身として〔見る〕。また〔仏〕を外見としても〔見〕ず。一切の顚倒を断じたればなり（SR 170.5–8）。

最後に大乗涅槃経の用例であるが、そこでつぎのような記述が見られる。

（一）チュンダが文殊菩薩に：「如来は法身であり、食〔で養う〕身ではないのですから、どうして世尊はお食事を召し上がるでしょうか（このあと、ブッダはこのチュンダの言を称讃する）」（D. 120, Tha 26a3–4）
（二）世尊：「如来は常身《じょうしん》・不壊身《ふえしん》・金剛身であり、肉身ではなく法身として見るべきである」（D. 120, Tha 45b5–6）
（三）世尊：「如来の身は金剛のように不壊であり、堅固であると考えよ。他者にも「〔如来は〕肉身ではない」と説け。如来は法身であると理解せよ」（D. 120, Tha 47a4–5）
（四）世尊：「性交によって生じた体を超越しているので、〔私は〕肉身ではなく、法身である。性交による入胎は、世間に随順する方便としてのみである」（D. 120, Tha 60b6）

このように、ブッダの身体は本来「法身」であり、消滅することはなく常住であると言う。よって、伝統仏教で説かれる入滅（般涅槃）も、（四）が示すごとく、世間に随順した方便という理解になるのは当然である。また（三）の引用文の少し前には「如来の身体は赤土の陶器のように病や怪我や破壊をこうむらない」と説かれるが、これは実際の仏像や仏塔という、壊れてしまう物質所成のブッダを前提にしていることを下田［1997: 249］は指摘する。とすれば、舎利供養も、伝統仏教で強調される遺骨供養（＝生身舎利）ではなく、経巻を舎利とみなす法身舎利の供養に力点は移動することになる。

三身説

ではつぎに、二身説をもう一歩進展させた三身説について見ていく。『十地経論』には経の「一切仏」を釈して三種の仏があるとし、「応身仏《おうじんぶつ》・報身仏《ほうじんぶつ》・法身仏《ほっしんぶつ》」（T. 1522, xxvi 138b12–13）の三つを挙げる。『金剛般若波羅蜜経論《こんごうはんにゃはらみつきょうろん》』ではこれが「法身仏・報仏（＝報身仏）・化仏《けぶつ》（＝応身仏）」（T. 1511, xxv 784b21–22）と表現され、ブッダは化仏に分類されているが、両資料ともその具体的な内容を説明していないので、摂大乗論《しょうだいじょうろん》の記述を手がかりに、三身それぞれの意味するところを確認してみよう。

〔結果としての〕智がすぐれていることをどのように見るかというと、仏の三身、すなわち自性身《じしょうしん》と受用身《じゅようしん》と変化身とによって、智がすぐれたものであると見るべきである。そのうち、自性身とは、諸の如来の法身である。一切の法に関して自在なることの拠り所だからである。受用身とは、諸仏の様々な〔説法の〕集会において顕わとなる〔仏身〕であり、法身に基づいている。きわめて清浄な仏国土と大乗の法楽とを享受するからである。変化身も同じく法身に基づいている。すなわち、兜率天にいることをはじめとし、〔そこから〕死没して〔この世に〕生まれ、愛欲を享受し、出家し、外道のもとに赴き、苦行を実践し、最高の覚りを開き、法輪を転じ、大般涅槃を示すからだ（D. 4048/#4053, Ri 37a3-7）。

『十地経論』の呼称と対応させるなら、摂大乗論の自性身は法身仏、受用身は報身仏、そして変化身は応身仏となるが、『金剛般若波羅蜜経論』と同様に、ここでもブッダは変化身（＝応身仏）に分類される。これは多分に法華経の仏身観（本来ブッダの寿命は久遠《くおん》であり、遠い昔に覚りを開いているが、ブッダがこの世に現れ、涅槃を現じたのは、有情教化の方便である）の影響と考えられる（第四章で詳しく触れる）。なお、この記述で注目すべきは、自性身（法身）が受用身（報身）と変化身（応身）の基盤として位置づけられていることである。法（真理）を覚ることによって（智慧の獲得）、その報いとして仏国土や大乗の法楽を享受するのであり、またその当然の帰結として、様々な有情に応じて対機説法《たいきせっぽう》する（慈悲への展開）のであるから、受用身（報身）と変化身（応身）が自性身（法身）を基盤とするのは当然である。

さて大乗の論書は法華経の影響でブッダを変化身（応身）と位置づけるが、二身説および三身説の模範が仏伝にあることは言うまでもない。ブッダは真理（法身）を覚り、その報いとして法楽を享受したあと（報身）、梵天勧請により、覚りの世界に留まるのをよしとせず、ふたたび俗世間に戻って様々な有情に応じた法を説いたのであるから（応身）、三身説は仏伝におけるブッダの生き方を理論化したものであり、それとは別に三身説が新たにつくり出されたわけではない。これを図式化すると、つぎのようになる。

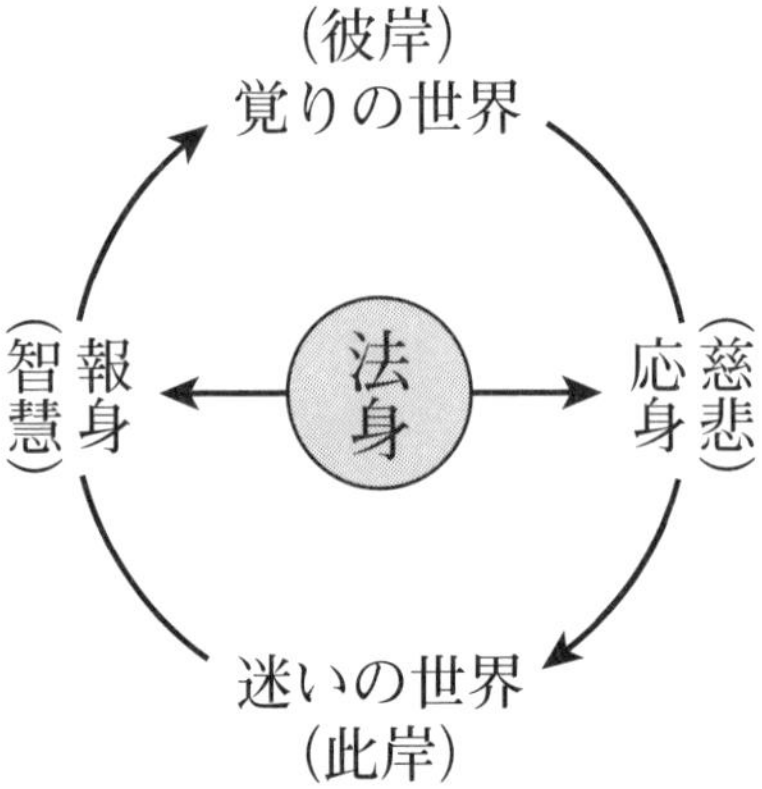

さて、大乗仏教の仏身観を考察するうえで注意すべきは、三身説という理論が先行し、それに基づいて大乗経典が作られたのではないという点である。仏伝をベースに大乗経典を創作すれば、

当然、上記の図式化は潜在的に意識され、様々な大乗経典が創作されていったのであり、それを後世の論師たちが三身説として理論化したという点である。この中のどこに焦点をあてるかによって大乗経典の仏身観には異なりが見られるが、どの仏身観も、この枠組みから外れることはない。

またこの三身はそれぞれ別個に存在するのではないが、のちの仏典は、たとえば阿弥陀仏や薬《やく》師《し》仏《ぶつ》を報身に分類する。というのも、阿弥陀仏は仏になる前、法蔵《ほうぞう》菩薩として四十八の誓願を立て、その誓願を実現すべく長時の修行を積み、その報いとして西方に極楽浄土を構えたから、また薬師仏は十二の誓願を立て、その誓願を成就して東方にある浄琉璃《じょうるり》世界の教主という報いを得たからである。しかしその報いを得たのは、法を覚ったからであり（法身）、また有情に応じて説法するから応身仏でもある。確かに阿弥陀仏や薬師仏は修行の果報を享受した点が強調されるので、三身中「報身」の側面が際立ってはいるが、三身は「同一の仏の三つの側面」と理解するのが本来であろう。

二　法――仏教の言語観と仏説をめぐる論争

1　仏教の言語観

仏と法との関係

インドを発祥の地とし、アジアの広範な地域に拡がっていった仏教は、時代性や地域性によって多様な展開を遂げたが、仏教徒になる条件として三宝帰依《さんぼうきえ》（三帰）を説く点では共通している。仏教における三つの宝とは仏・法・僧を指すが、このうち僧はよいとして、仏と法の関係はどう考えるべきか。ここでは、理念的には法が仏に先行し、法が仏の上位概念であることを確認しておく。

岸本［1973: 181］は、西洋の一神教的な神の存在に代わるものとして、東洋では宇宙に自ずからそなわる法則性を挙げ、これを仏教では「法（dharma）」と呼び、宇宙の運行の根本的法則性を指しており、仏や菩薩よりも根本的なものであると指摘する。長尾［1967: 8］も、一神教的な神を認めない仏教が最高の権威を認めるとすれば、それは「法（dharma）」だけであり、歴史的な個人ではないと強調する。竹内［1981: 156–157］も、ブッダという人格を通じてブッダの覚った法を聞き、うけ止めていたのであるから、現実は「仏中心」であったが、建前は涅槃経の「自《じ》灯明《とうみょう》・法灯明《ほうとうみょう》」に代表されるように、ブッダ自身の拠り所が法であったことから、仏教は元来「法中心」であったと言う。

　さらに、中村［1994: 258］は、「原始仏教においては「法」の権威が最高のものであり、「仏」の上に位していた。たとえば、「縁起の理法」について、決まり文句としてつぎのようにいう、――この縁起の理法は「永遠の真理」である。「如来が世に出ても、あるいはまだ出なくても、この理法は、定まったものである」。如来はただこの理法を覚って「さとり」（等正覚）を実践し、衆生のために宣説し、開示しただけにすぎないという」と述べている。先学の引用はこれくらいにし、実際の文献にあたりながらこの点を確認してみよう。まずは中村が指摘する「決まり文句」から。

「比丘たちよ、縁起とは何か。比丘たちよ、生を縁として老死がある。如来が〔世に〕出ても、あるいは如来が〔世に〕出なくても、この道理は定まり、法として定まり、法として確定している。それは相依性のものである。如来はこれに目覚め、〔これを〕覚り、理解する。覚り、理解してから、宣言し、説示し、告知し、宣布し、開陳し、分別し、明らかにし、「お前たちは見よ」と言う」（SN ii 25.17–23）

ここでは仏と法の主従関係が明確に説かれている。これと同様の記述は、同じ『相応部』の別の場所にも見られる。

「比丘たちよ、たとえば人が荒野の林叢をさまよっていると、過去の人々が辿《たど》った古道・古径を発見したとしよう。彼はそれにしたがいながら進むと、園林を具え、森を具え、蓮池を具え、城壁に取り囲まれて麗《うるわ》しく、過去の人々が住んでいた古き都城・古き王都を発見したとしよう」（SN ii 105.35–106.3）

この喩えをふまえて、ブッダ自身も過去の正等覚者たちの辿った道を発見し、これにしたがい、これにそって行くと、老死を知り、老死の原因を知り、老死の滅を知り、老死の滅に赴く道を知ったと語る。この経の趣旨は、ブッダの見出した法がブッダだけの発見ではなく、過去の仏も共通して見出した法であることを強調することで、ブッダの発見した法に普遍性を付与することにある。しかし、仏と法の関係からこの喩えを見れば、ブッダも含めた諸仏が存在する以前に古き都城（これが「法」の比喩的表現）はすでに存在しているわけであるから、先ほどの「決まり文句」と同様に、法が仏の上位概念であることを伝えていることになろう。

これについて中村［1988: 189］は、インド人一般の思惟方法の特徴が「普遍者に対する随順」にあると指摘したうえで、「このような思惟方法にもとづくかぎり、真理を説く人の歴史性は、ややもすれば撥無《はつむ》される傾向が生じる。個人に対する法の優越性を強調する結果として、最上の人格者といえども、普遍的な法を実現したひとつの個別的事情にすぎないということになる」と言う。さらには、つぎのような用例も指摘できる。同じく『相応部』の用例から引用する。ここでは成道直後のブッダが、誰にもたよらず誰をも敬わずに生きていくことに虚しさを感じたときのブッダの心中を描写した場面である。

〈まだ満たされていない戒蘊《かいうん》を満たすために、他の沙門あるいは婆羅門《ばらもん》を尊い、重んじ、近づいて生活しよう。しかし、私は天・魔・梵天を含む世間において、沙門・バラモン・人・天を含む人々の中で、私以上に戒を成就し、〔それゆえに〕私が敬い、重んじ、近づいて生活できるような沙門やバラモンを見たことがない（以下、定蘊《じょううん》と解脱蘊《げだつうん》について同じ表現が繰り返される）。いざ私は私が覚った法、この法こそを敬い、重んじ、近づいて時を過ごそう〉（SN i 139.5–27）

傍線で示したように、ここでも「仏が法を敬う」と表現しているので、仏と法の主従関係は明白である。無論、法を覚って仏となり、また、法は仏に説かれてはじめて我々の認識可能な領域に姿を現すのであるから、車の両輪の如く、両者は相即し、単独では存在し得ないが、理念的には仏よりも法の方が上位概念となる。法と訳されるdharmaは「維持する」を意味する動詞

√dhṛから派生した名詞であるから、本来は社会・世界を維持する「法則・理法」、あるいは世界や宇宙を貫く「道理・真理」を意味するし、またブッダが説いた「教え」もdharmaの意味内容となる。つまり、表現を越えた道理・真理としてのdharma（理法）は不変で一つだが（不易）、そこに導くための教えとして言葉で説かれたdharma（教法）は多様性を帯びる可能性を秘めている（流行）。

　これを図示すると、次の図のようになる。

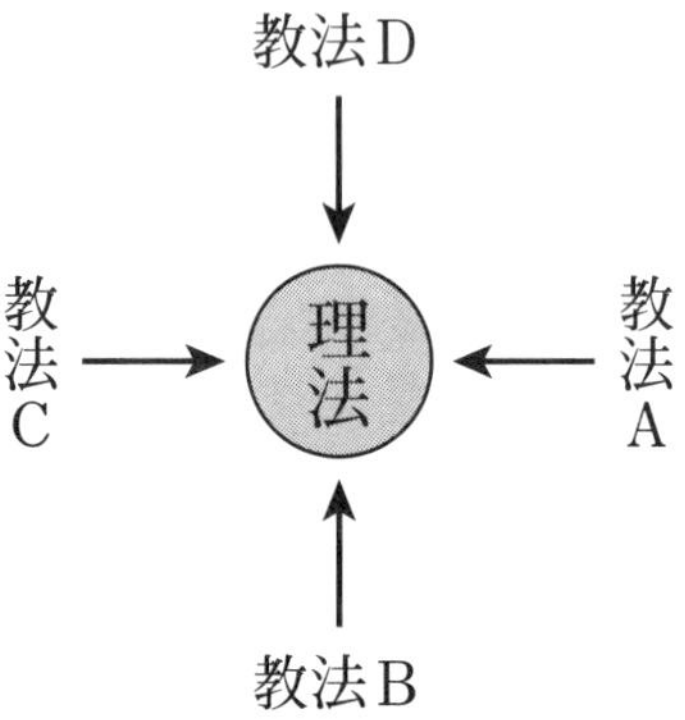

　今は便宜上、教法をAからDの四つで示したが、これは円（あるいは球）の中心が理法なら、教法はその円（あるいは球）の円周（球面）上の点に相当し、したがってその数は無数に存在し

うる。つまり理法は一つでも、それを表現する言葉としての教法は無数に存在しうることを示している。たとえば、地球上の日本が到達すべき目的地（真理）だとして、そこに至る指示を考えてみよう。オーストラリア人に日本への行き方を説明する場合、「北に進め」となるが、韓国人には「東に進め」となる。アメリカ人には「西に進め」というように、目的地は同じ日本でも、相手によってその指示はすべて異なる。さらには、韓国の中には長旅をしたい人もいるかもしれないから、その場合は「西に進め」という指示もありうる。このように目指すところは同じでも、誰に指示するかでその表現は異なる。これが仏教の対機説法なのである。

言葉に対する仏教の基本的態度

ではこれをふまえ、キリスト教と比較しながら、仏教の言語観を整理しておく。『新約聖書』「ヨハネによる福音書」の冒頭は「はじめにみことばがあった。みことばは神とともにあった。みことばは神であった。みことばははじめに神とともにあり、万物はみことばによって創られた」（バルバロ［1980: 135］）という言葉で始まる。言葉は神と同一視されていることからも、いかにキリスト教において言葉が大事であるかがわかる。これに対し、仏教は言葉にそれほど重きを置かない。仏教では言葉（能詮《のうせん》）とそれによって表されるモノそのものやコトそのこと（所詮《しょせん》）とは一応分けて考える。つまり「チョーク」という言葉と、「チョーク」という言葉によって表される「白い粉が円柱状に固められたモノ」とは別物である。なぜなら、「チョーク」という〈言葉〉で黒板に字は書けないからである。また「火」という言葉と、それによって言い表される「さわれば熱く、紙を燃やす赤い炎」とは同一ではない。もし両者が同一なら、「火」という文字があるだけで、この紙面はすでに燃え上がっていなければならないからだ。

中国の禅家はこれを「指月《しげつ》の喩え」で表現する。経典所説の言葉は「指」、その指で示される「月」は覚るべき真理そのものであり、指（言葉）は月（真理）そのものではないが、指がなければ真理のありかもわからないというわけだ。重要なのは、ブッダが指で月を指し示した場合、我々はその「指先」ではなく、「その先にある月」を見なければならない、つまり、指に執着してはならないということだ。キリスト教の言語観が絶対的であるなら、仏教の言語観は相対的である。月（真理）を指し示しているときにのみ言葉には価値があり、無条件で言葉が重視されるわけではない。また真理を指し示す言葉でも、その言葉の意味する先を把握することが大切であって、その言葉そのものが執着の対象となるようでは本末転倒と言うしかない。

だからブッダは「筏《いかだ》の喩え」を説いて、「自分の教説すら、覚れば捨ててしまえ」と弟子に諭《さと》す。大河を渡るためには筏が必要だが、それはあくまで大河を渡るための手段であって、執着の対象であってはならない。つまり大河を渡りきって向こう岸（彼岸）にたどり着けば、その筏は捨てられるべきであって、筏を担って陸路を進むべきではないとブッダは諭すのである。ブッダにとって言葉はあくまで真理を覚るための手段であり、決して言葉そのものが目的ではないのである。覚った人間にとって言葉化された教説はもはやもぬけの殻であり、もぬけの殻は捨て去るにしくはない。

ただし、仏教は長い歴史を有し、後代に発達した密教の「真言《しんごん》」になると、状況は大いに異なる。密教はヒンドゥー教の影響を大きくうけているが、インドも古来より言葉に大いなる価値を置いてきた。たとえばヒンドゥー教のもとになったバラモン教では、バラモンが祭祀を通して神に語りかける真実の言葉はそれを実現させる力があり、それは神々をも動かす力を具えていた。だから、祭祀を司《つかさど》るバラモンはカースト制度の最上位に位置づけられ、バラモン教の聖典ヴェーダの言説は最下層のカーストであるシュードラ（奴隷）には決して聞かれてはならなかった。また真実の言葉には、それを実現する呪力が秘められていたことを示す用例も、仏典に確認される（奈良［1973］）。

このような伝統の影響を引き継いだ密教には様々な真言が誕生したが、これは言葉そのものが有する呪力に対する信仰であり、そのような言葉は他国の言語に翻訳されてはならない。だからこそ日本でも真言は日本語に翻訳されず、音写されたのである。日本でも「言霊《ことだま》」信仰があり、言葉に呪力を認める伝統があるが、言霊を認める考え方の方が世界的に見れば主流であろう。セム系の宗教でも、『旧約聖書』「創世記」にある「神が「光あれ」と仰せられた。すると、光ができた」（バルバロ［1980: 5］）が象徴しているように、言葉はその内容を実現させる力を秘め、これをうけて、先ほど引用した『新約聖書』の「はじめにみことばがあった」で始まる表現は有名である。

ブッダのような言語観の方がむしろ特異なのかもしれないが、このようなブッダの言葉に対する態度は、シニファンsignifant（音の連鎖：能詮）とシニフェsignifier（音の連鎖が表す言葉の意味：所詮）の関係から言語を記号の体系と規定したソシュールの言語学に通ずるものがあり、すでにブッダはこの両者の違いに気づいていたとも言える。ただし、このような言語観を理論化したのは、大乗仏教で中観《ちゅうがん》哲学を樹立した龍樹（一五〇―二五〇頃）を嚆矢《こうし》とする。龍樹は中論《ちゅうろん》で真理（諦）を「勝義諦《しょうぎたい》（言葉では表現できない真理）」と「世俗諦《せぞくたい》（言葉で表現された真理）」とに分け、一切の言語表現を「戯論《けろん》」として斥ける。

言語観に関連して、原理主義（Fundamentalrism）にも言及しておこう。本来の原理主義は、必ずしも狂信的で盲目的な過激派の行動と結びつくものではない。小室［2000: 164-172］によれば、原理主義とは「聖書に書いてあることをそのまま事実だと信じること」であると言う。敷衍《ふえん》すれば、「聖書のみが完全無謬《むびゅう》の絶対的権威であり、そこに書かれていることを事実として信じること」と言える。そしてこの原理主義はキリスト教にだけ見られるものであり、他の宗教にはありえないと言う。

メッツガー（Metzger［1987］）を援用し、「クローズドキャノン（閉ざされた聖典：変更不可）」と「オープンキャノン（開かれた聖典：変更可能）」の二分法で聖典を分類すれば、変更や付加を許さずに教えを固定化するキリスト教の聖書はクローズドキャノン、一方、仏教の経典はオープンキャノンと言える。真理は表現を越えているが、その真理を表現する言葉は多種多様であってよいという考え方が仏教の基本にあるからだ。だからこそ、初期経典に加え、大乗経典も新たに「経典」としての地位を獲得したと言えそうだ。

換言すれば、重要なのは「仏の言葉」であって、「ブッダの言葉」ではないということである。それどころか、つぎに紹介する経典の内容は、それをも越えているかもしれない。遊行の途中でブッダはカーラーマ族が住むケーシャプトラ村に立ち寄ると、そこの住人はブッダに「ある沙門がここにやってきて自説こそ正しいと述べ、他説をけなします。一方、他の沙門は自説こそ正しいと述べ、他説をけなします。いったい、どの説が正しく、どの説が間違っているのでしょうか」と悩みを打ち明けた。それに対し、ブッダは「そのように迷うのも当然だ」と前置きして、つぎのように述べる。

「カーラーマ族の者たちよ、お前たちは、噂・又聞き・伝え聞きを信じてはならぬ。〔三〕蔵に合致しているからという〔だけ〕で信じてはならぬ。思慮したからという〔だけ〕で信じてはならぬ。道理があるからという〔だけ〕で信じてはならぬ。外見的特徴を審慮したからという〔だけ〕で信じてはならぬ。〔ある〕見解や熟慮に基づいて容認されたという〔だけ〕で信じてはならぬ。〔説者の〕容姿が優れているからという〔だけ〕で信じてはならぬ。〔この〕沙門は我々の師であるからという〔だけ〕で信じてはならぬ。カーラーマ族の者たちよ、お前たちは、〈この教えは不善である。この教えには誤りがある。この教えは知者に非難されている。この教えを了得し受持しても無益であり、苦〔の滅〕には役立たない〉と自ら判断したとき、カーラーマ族の者たちよ、お前たちは〔それを〕捨て去るがよい」(AN i 189.8-15)

盲目的に教えを信じるのではなく、自らの理性に基づいて「自ら判断する」ことの重要性がここで強調されている。傍線で示したように、三蔵の権威は否定されていないが、それが絶対ではないという記述には注目してよいだろう。これはキリスト教の言語観と大いに異なる。神の言葉は絶対だが、ブッダの言葉は絶対ではない。ここに仏教は「仏(普通名詞)の教え」であって、「ブッダ(固有名詞)の教え=釈迦牟尼教」ではないことが端的に示されている。釈迦牟尼教なら、ブッダの説いた教えこそが絶対的な権威となり、それを否定する表現などあるはずもない。仏教が釈迦牟尼教ではないことをさらに裏づける事実として、最初期の仏教では、仏がブッダだけでなく、複数存在していたことが指摘されているが、これについてはのちほど取りあげる。

2 仏説とは?

仏(Buddha)の定義

仏説とは何かを論じる前に、「仏」の意味内容を明らかにしなければならない。漢訳の「仏

（陀）」に対応するインド語はBuddhaである。これは動詞√budh（目覚める）の過去受動分詞であり、それが名詞化して「目覚めた人」を意味する。何に目覚め、何を覚ったのか。それは「法（dharma）」に目覚め、法を覚ったのであり、この意味で仏教は法を重視する。むしろ、法に目覚めて仏になるので、法は仏よりも上位概念になるが、その法は仏に覚られ説かれなければ、そもそも我々との接点は存在しないので、この意味では仏の方が表看板として機能する。Buddhaを固有名詞として理解すれば、「仏教」は「〔最初に法に目覚めた〕ブッダの宗教」となるが、本来Buddhaは普通名詞であり、固有名詞化されるのはそのあとの展開である。さらにBuddhaという呼称は仏教の専売特許ではなく、もともとインドで広く使われていたようなのだ。

中村・三枝［1996: 28］は、古いウパニシャッドの中に「仏」という語が現れるが、それは単に「真理を覚った人」というだけの意味であり、ジャイナ教の古い聖典では、宗教を問わず、聖人や賢者を仏と呼び、ジャイナ教の聖者や祖師たちも仏と呼ばれ、ブッダもそう呼ばれていたことを指摘する。では、仏教内部の文献で、同様の事実は確認できるのか。この問題を最初にとりあげたのが中村［1992b: 478–479］であり、古層の経典である『経集』にbuddhaの複数形の用例が存在することを論拠としている。

比丘は非時《ひじ》（正午過ぎ）に歩き回るなかれ。定められし時に村へ乞食に行くべし。非時に行かば、執着に縛られん。ゆえに、仏たちは非時に行かず（Sn 386）。

中村はこの用例に見られる複数形の仏を、過去・現在・未来の三世の諸仏というような意味での「諸仏」ではなく、非時に出歩くべきかどうかを問題にするような普通の人間としての賢者を考えていたのであり、文脈からすれば「比丘（Bhikṣu）」と同義の仏であると説明するが、ではこの場合の複数形の仏が具体的に誰を指すのかについては考察しなかった。この問題を本格的に考察したのが並川［2005: 22-64］である。初期経典には、先に引用した『経集』の用例に加え、Buddha の複数形の用例が多数確認でき、また Buddha と同義語の Tathāgata（如来）や Sugata（善逝《ぜんぜい》）も古層の韻文経典に存在することから、「如来」や「善逝」もブッダに限定された呼称ではなく、初期の段階では覚りを完成させた修行者の一呼称として使用されていたと並川は指摘する。

これを援護する用例として、並川は Buddhaseṭṭha の用例をあげる。この複合語は buddhānaṃ seṭṭha/buddhesu seṭṭha と分解でき、「仏たちの中でもっとも優れた者」を意味するが、このような呼称でブッダを呼ばなければならなかったのは、仏と呼ばれていた者たちの中から彼だけを特殊化しなければならなかったからであり、これは当時「仏」と呼ばれていた仏弟子や修行者が複数存在していたことの証左になると言う。つづいて並川は、Buddhānubuddha の用例を検討する。『長老偈』のカウンディンニャの詩頌につぎのような用例が見られる。

激しく精進せるカウンディンニャ長老は、ブッダに従いて覚りし人（仏）なり。生死を断じ、梵行を実践せし唯一の人なり（Th. 679）。

この他にもヴァンギーサ長老の詩頌（Th. 1246）に同様の用法が確認されるが、注釈書はいずれもBuddhānubuddhaのBuddhaを「ブッダたち（Buddhā）」と理解し、過去仏を前提にしていると並川は指摘する。一方、『相応部』のBuddhānubuddhaに関して、注釈書は複合語の前分のBuddhaを「ブッダ」と理解するので、この場合は「ブッダにしたがって覚った人」と理解すべきであると言う。またAnubuddha単独の用法も初期経典中に見られるが、一つはBuddhānubuddhaの前分の省略形であり、Buddhānubuddhaの本来の意味を変えずに用いられた用語と解釈できる。もう一つはanu-という接頭辞を、これまでのように「したがって」と主従関係を示すのではなく、「つづいて」という連続を意味し、さらには「つづいてここに新しく」といった意味を含むので、(Buddha-)anubuddhaは「〔覚った人々に〕つづいて〔ここに新しく〕覚った人」と解釈できる。以上から、並川はBuddhaが弟子をも意味する呼称であるとし、宗教的境地に関して、仏弟子はブッダと同じように表現されていたことを論証している。

〈ブッダの教え〉から〈仏の教え〉へ

先ほど、Buddhaと呼ばれていた人物が、ブッダにかぎらず、仏弟子にも適用される呼称であることを確認したが、そうなると「仏説」の「仏」はブッダ（固有名詞）に限定する必要はなく、仏（普通名詞）にまで拡大して解釈できる。はたして、これを裏づける用例が初期経典に見出しうるのか。この点を、下田［1997: 44-45］を参考にしながら、確認しておこう。マックイーン（MacQueen［1981-82］）は初期経典の中にブッダ自身の言葉でないものを経典（＝仏説）とみなしうる基準として、以下の三点を指摘する。

（一）弟子が説いたものを、のちにブッダが承認したもの
（二）説法する前に、ブッダが承認して説かせたもの
（三）その説法に「霊感（pratibhā）」が認められるもの

そしてニカーヤの中には（三）に相当する経典が十二例あると言う。また藤田［2011: 125, 145（21）］は（一）に相当する経典、すなわちシャーリプトラ等の高弟の説法も仏説として認められている経典を『雑阿含経』の中で七つ指摘している。また『増支部』には「何であれ、善く説かれたものは、すべて世尊・阿羅漢・如来の語である」という有名な経文がある。何を善く説いたのか。それは理法としてのダルマであり、これをうまく表現していれば、それは仏説とみなせることになる。これを逆から言えば、真理をうまく表現する人は「仏」であるということをも意味することになろう。

これまで見てきたように、本来「仏」は普通名詞であり、ブッダ以外にも目覚めた人を「仏」と呼んでいた。それが、仏滅後、伝統仏教ではブッダの絶対化とともに仏はブッダ一仏に収斂《しゅうれん》し、普通名詞の固有名詞化が進められたと考えられるが、大乗仏教はその固有名詞化された「仏」の本来の用法を取りもどすべく、ふたたび「仏」の普通名詞化に挑戦したと言えよう。この他にも『経集』(Sn 454) には「涅槃の達成や苦しみの終局といった〈宗教的利益〉をもたらす言葉であれば善説 (＝仏説) とみなしてもよい」という仏説観が見られると藤田 [2011: 130] は指摘している。

阿毘達磨仏説論から大乗仏説論へ

不思議なことに、大乗非仏説の議論は伝統仏教の資料には見られず、大乗仏教の無著《むじゃく》(三一〇―三九〇頃)、世親《せしん》(三二〇―四〇〇頃)、清弁《しょうべん》(四九〇―五七〇頃) 等が著した論書にのみ見出される (堀内 [2009]; 藤田 [2011])。彼らは何《いず》れも四世紀以降に活躍した大乗の論師であり、大乗仏教の興起から見れば、かなり時間が経過した時代に大乗仏説非仏説の議論が展開されていることになる。無論、それ以前にこの問題が議論されていた可能性はあるが、現存する資料では四世紀を遡ることはない。四世紀と言えば、大乗教徒が教団を組織する直前の時期であったと推定されるから、大乗仏説非仏説の議論は大乗教団の組織化にからんで活発化した可能性もある。

ともかく、大乗仏教興起の初期段階で大乗非仏説が議論されたかどうかは不明だが、この時期、阿毘達磨仏説論が伝統仏教のうち説一切有部において議論され、またその阿毘達磨仏説論が大乗仏説論の形成に大きな影響を与えたのではないかという可能性を、本庄［1989b］は指摘する。三蔵のうち経蔵と律蔵は仏説とみなされていたが、論蔵は経蔵と律蔵の注釈書、あるいは後世の仏弟子たちが経蔵と律蔵に基づいて構築した教理体系なので仏説ではないが、この論蔵（阿毘達磨文献）に仏説という権威を与えようとする動きが説一切有部の中で出てきたのである。本庄は阿毘達磨仏説論を、法性説《ほっしょう》・隠没説《おんもつ》・密意説《みっち》という三つの観点から考察している。

法性説

これらは何れも初期経典にも典拠がある重要なものばかりであるが、まずは第一の理論から見ていこう。『大毘婆沙論』の冒頭にはつぎのような記述が見られると言う。

（一）阿毘達磨はブッダ自身が「法性」を明らかにされたものである。
（二）阿羅漢の迦多衍尼子は『発智論』を著述したのではなく、ブッダが散説した直説を編纂したに過ぎない。
（三）あるいは『発智論』はブッダの直説ではなく、迦多衍尼子独自の著述であるとも理解できる。この場合も、ブッダの説であれ弟子の説であれ、法性に違わなければ仏説として受持してもよいとブッダ自身が認めたから、やはり仏説である。

（四）三蔵はみな等しく仏説であるが、経蔵は初心者、律蔵は中級者、論蔵は上級者のためのものである。

ここでは、直接ブッダが説いていなくても、法性に叶《かな》えば（＝理にかなっていれば）仏説と認めうるという考え方が示されている。「法性に叶えば仏説」という考え方は、説一切有部が伝える涅槃経の梵本にも見られる。涅槃経には、第三者から聞いた教えを仏説か非仏説か判断する基準を示した「四大教法」が説かれているが、これを南方上座部の小乗涅槃経（DN ii 124.3 ff.）と説一切有部の小乗涅槃経（MPS 24.29 ff.）とで比較してみよう。前者はその基準を「その教えが経や律に合致すれば仏説、そうでなければ非仏説」とするが、後者は、経や律との合致に加え、第三の要素として「法性（dharmatā）に違わない」を付加する。この経の記述と阿毘達磨仏説論の法性説の成立とはどちらが先かは不明だが、同じ部派内の経と論に同様の理解が見出せることは実に興味深い。

隠没説

阿毘達磨には「六因説」など現存する経典にはない概念がある。これも法性に叶っていれば仏説とみなしうるが、経に説かれていればなおよい。「そのような説は本来経典に説かれていたが、時の経過とともに隠没し、現存の経典からは漏れてしまった。また、ある阿難の弟子が亡くなると、莫大な量の経論が隠没したという伝承もある。一人亡くなっただけでもこうであるから、現在に至るまでに隠没した経論は量《はか》りしれない」と『大毘婆沙論』は説く。また、第一結集で経を誦出したのはアーナンダだが、ブッダが覚って法を説きはじめてからアーナンダが出家するまでにはタイムラグがあるので、アーナンダが出家する以前に説かれた経は彼の記憶に残っておらず、したがって、第一結集のさい、編纂から漏れた経があるという理屈も充分に成り立つといえよう。

密意説

阿含において互いに矛盾するかに見える仏説がある場合、毘婆沙師（『大毘婆沙論』の信奉者）たちは両者が仏説であることを認めたうえで、一方を「了義《りょうぎ》」、他方を「未了義」とした。了義とは言葉どおりにうけとってもよい説、未了義はその逆であり、裏に隠された意図を読み取るべき説である。つまり、自分たちが建てる「法性」と矛盾した仏説があっても、未了義であると主張することができるなら、任意の説を仏説とすることができるようになる。さて、説一切有部の中には経量部《きょうりょうぶ》という学派があり、「経を量（権威）とする」グループだった。よって彼らは既述の阿毘達磨仏説論を否定したが、説一切有部の衆賢《しゅげん》が著した『順正理論《じゅんしょうりろん》』には、この経量部の阿毘達磨非仏説論と、それに対する衆賢の反駁が見られる。経量部の批判はつぎの三点である。

（一）阿毘達磨論書は迦多衍尼子等が作成したと伝承されている。

（二）ブッダは阿難に「私が死んだあとは、経に依れ」と説かれたが、阿毘達磨に依れとは説かれなかった。
（三）諸部派の阿毘達磨は、それぞれ宗義が異なっている。

これに対して、衆賢はそれぞれつぎのように反駁する。

（一）阿毘達磨は大声聞たちがブッダの教えにしたがって結集し、ブッダの承認されたものであるから仏説である。仏説であるかどうかは仏の教えに適合しているかどうかによる。さもなくば、弟子所説の経も捨てねばならない。
（二）阿毘達磨に依れとブッダが説かれなかったから仏説ではないというなら、律も仏説ではない。
（三）部派間で異なっているから仏説ではないというなら、経も仏説ではない。

先に取りあげた三つの理論に加え、『順正理論』には「阿毘達磨が非仏説なら、経〔や律〕も非仏説であり、経〔や律〕が仏説なら、阿毘達磨も仏説である」とする論法も確認できる。これらの理論が、後代の無著・世親・清弁が著した論書の中で大乗仏説論を主張するさいに援用されていることを本庄は明らかにし、このような阿毘達磨仏説論は、説一切有部が自宗を擁護しようとして構築した理論が、はからずも大乗に仏説の根拠を与えてしまったのではないかと結んでいる。

説一切有部は経や律に基づきながらも、独自の教理体系を論の中で大いに発展させ、その体系化の過程では経や律に存在しない教理も必要になってきた。また、そうして教理を発展させ、体系化させていく過程で、自分たちが築きあげてきた論に、ある種の権威を付与しようとしたのも無理はない。しかし、経や律と同様に論を仏説とみなそうとしたに留まらず、彼らは三蔵の中で、それまで仏説として認められてきた経と律の上位に論を置こうとさえ試みた。法性説で見た(四)「三蔵はみな等しく仏説であるが、経蔵は初心者、律蔵は中級者、論蔵は上級者のためのものである」というのがそれだ。これを裏づける説話として、本庄［1991］は説一切有部の律蔵の用例に注目する。

億耳《おくに》はヴァーサヴァ村に住む長者バラセーナの長男として生まれ、成長すると、大海を渡る商人となる。外国で多くの商品を手に入れ、閻浮提にも戻ったが、隊商とはぐれてしまった。億耳はさまようち、前世の報いで悲惨な目にあっている餓鬼たちに会った。故郷に帰って出家を願ったが、両親は「我々が死んでからにしてくれ」と懇願したので、まず、①カーティヤーヤナより聞法し、預流果《よるか》を得た。さらに、②四阿含を学習し、一来果《いちらいか》を得た。両親が亡くなったので、自分の財産を困窮者たちに分け与え、カーティヤーヤナに出家させてもらい、③律の条項を学習し、不還果《ふげんか》を得た。その後、具足戒をうけて正式な比丘になると、④第三蔵（＝論蔵）を学習して阿羅漢となった（要旨：詳細は平岡［2007a: 22–24］を参照）。

ここでは、仏教の修行体系「四沙門果」と「三蔵」の学習とが見事に対応している。

（一）預流果：在家者として聞法
（二）一来果：在家者として経蔵（四阿含）の学習
（三）不還果：沙弥（見習いの出家者）として律蔵の条項を学習
（四）阿羅漢果：比丘（正式な出家者）として論蔵の学習

このように、説一切有部は、阿毘達磨を仏説とみなしたに留まらず、三蔵の中で最高の地位を与えようとしたのである。

三　僧――伝統仏教教団との思想的対立

1　三乗

ブッダ独自の属性

「仏（Buddha）」の語義および伝統仏教の初期における用法の変遷については、すでに本章第二節中の「2　仏説とは？」で見たように、古層の経典ではブッダ以外にも「仏」と呼ばれる仏弟子がおり、仏はブッダ以外にも複数存在していた。では「覚り」という宗教的境地についてブッダと仏弟子との間に違いがないとすれば、すべての点で両者がまったく同じだったかというと、そうではない。仏弟子および後代の仏教徒にとって、教祖ブッダと仏弟子とを同一にみなせるはずがない。ではどのような違いがあったのであろうか。これについても、並川［2005: 37-64］が参考になる。

並川はその手がかりをブッダと仏弟子の形容句の比較に求めた。その結果、「妄執を離れた」や「解脱した」など、両者に共通して使われる形容句もある一方で、仏弟子には決して使われず、ブッダだけに使われる形容句を洗い出し、「太陽族の末裔《まつえい》（ādiccabandhu）」「比類なき者（appaṭipuggala)」「具眼者（cakkhumant）」「世界の守護者（lokanātha）」「師（satthar）」等をピックアップしたが、これらはいずれも宗教的属性をとくに意識した形容句ではない。しかし、このような用例に混じり、無視できない形容句があると言う。それは√tṛ（渡る）の使役形であり、「〔有情を彼岸に〕渡す」という属性であり、これは仏弟子には用いられず、ブッダにかぎって用いられることから、これこそ仏弟子と一線を画するブッダの宗教的属性であると並川は指摘する。

並川の研究によりながら、仏典以外の用例や初期経典の用例を紹介してきたが、本来buddhaは普通名詞であり、仏典以外の文献では聖者や賢者一般を意味する呼称であった。また初期経典でも本来の用法はブッダにかぎらず、仏弟子をも意味する呼称として用いられていたが、ブッダの神格化にともない、普通名詞としてのブッダは固有名詞化していく。これにより、解脱した仏弟子をもはや「仏」とは呼べなくなってしまったので、彼らに対する呼称として、本来はブッダと同義語であった「阿羅漢」が採用され、ブッダと仏弟子とが差異化されて、阿羅漢は仏弟子の最高位としての位置づけを獲得することになるのである。この背景には、ブッダの神格化に加え、教団の組織化の問題がある。最初は小さな集団として出発したが、仏弟子の獲得により、教団がある程度の規模に拡大すると、ブッダを頂点（教祖）とする教団の組織化が必要になったと考えられる。それを暗示する興味深い用例を『律蔵』から示そう。

第一章第三節「ブッダの生涯」の「⑭デーヴァダッタの破僧」で取りあげた、デーヴァダッタがアジャータシャトルに父王殺しを教唆した内容に注目してみよう。それは「お前は父を殺して王になれ。私は世尊を殺して仏となろう」であった。よく見ると不思議な表現である。王子アジャータシャトルが「父王のビンビサーラを殺して王になる」は自然だが、デーヴァダッタが「ブッダを殺して仏になる」とは、どういうことか。「真理を覚って（buddha）仏になる」というのが本来である。つまり、ここでの「仏」は宗教的属性ではなく、仏教教団の教祖という役職名として機能していることがわかる。仏教史のどの段階かは確定できないが、「仏」は宗教的属性に加え、仏教教団の教祖という意味でも使われるようになったのである。

修行者の階位

こうしてブッダと仏弟子とは区別され、阿羅漢は仏弟子の最高位として位置づけられたが、まさにこの点が大乗仏教で見なおしを迫られることになる。大乗仏教はすべての有情に仏になる可能性を認めるので、阿羅漢で満足することはない。大乗仏教は、伝統仏教の成阿羅漢思想を乗り越え、成仏思想を理想に掲げ、「三乗《さんじょう》」という形で問題視した。三乗とは「声聞乗・縁覚《えんがく》乗・菩薩乗（仏乗ともいう）」の三つであり、阿羅漢は声聞乗に、仏は菩薩乗に含めて大過ない。これに縁覚（辟支仏《びゃくしぶつ》）が加わり、全部で三つ（三乗）となるが、大乗仏教では、このうち最初の二つの立場、すなわち声聞乗と縁覚乗が「小乗」として否定され、菩薩のみを「大乗」として称揚する。伝統仏教の修道論を声聞と縁覚として斥け、菩薩乗（仏乗）を採るのが大乗仏教の立場といえよう。

声聞とは字義どおり、ブッダの声を聞く出家修行者、すなわち「仏弟子」が本来の意味である。その修行の階梯《かいてい》は四つにわかれ、それぞれに出発点（向《こう》）と到達点（果《か》）があるので、「四向四果《しこうしか》」と呼ばれ、その最終目標が阿羅漢果ということになる。

（一）預流《よる》：聖者の流れに入り、最大で七回、人と天の間を輪廻（預流向→預流果）
（二）一来《いちらい》：一回だけ人と天の間を輪廻する段階（一来向→一来果）
（三）不還《ふげん》：欲界にはふたたび戻らずに色界に昇る段階（不還向→不還果）
（四）阿羅漢《あらかん》：輪廻から解脱した段階（阿羅漢向→阿羅漢果）

三乗の二番目は「独覚（＝辟支仏・縁覚）」である。原語はPratyekabuddhaであるから、ある意味で「仏（Buddha）」である。名前の由来については、「他者の教えをうけることなく、自ら縁起の理法を覚った人」、あるいは「自分独自の覚りを目指し、利他行を行わない人」などとも説明されるが、その起源についてはまだよくわかっていない。そもそも「独覚」とはいかなる存在だったのか。従来の研究は、仏教内部ではなく、仏教の外部にその起源を求める。では仏教外に起源を持つ独覚がなぜ仏教内部にとりこまれ、三乗の体系においては仏と声聞との中間に位置づけられたのか。

これに関しては確たる理由が見出せないが、藤田［1957: 95］は、独覚の仏教外部起源説を裏付ける証拠として、ジャイナ教でもPratyekabuddha/Paccekabuddhaに相当するPatteyabuddha/Pattekabuddhaが説かれていることを指摘し、Pratyekabuddhaが当時のインドで一般的に用いられていた可能性を示唆している。つまり仏教以外にもBuddhaと呼ばれていた修行者が存在し、その「呼称の同一性」からこれを仏教内部にとりこまざるを得なかったのではないかという推定が成り立つのである。呼称の同一性以外に、独覚が仏教内部にとりこまれる必然性は現在のところ見出せない。

藤田［1957: 92］の指摘するように、仏と声聞の区別は明確なので、その中間に独覚を立てる思想的必然性はまったくない。しかし「呼称の同一性」から仏教内部にとりこまざるを得なくなったとすれば、当然その位置づけが問題になる。独覚を仏の上位に置くことはできないが、Buddhaを名乗る以上、声聞の下位でもない。となると、その位置づけは必然的に仏と声聞との間に落ち着く。仏教外に起源を持つ独覚が仏教内部にとりこまれた背景には、出家者や聖仙を尊崇するインドの宗教的風土など様々な要因が考えられるが、ともかく大乗から見れば、独覚も小乗の一つとして否定されることになる。

さて三乗の最後に、大乗自らの立場である菩薩乗（仏乗）が配される。このBodhisattva（菩薩）という呼称も本来は普通名詞であるが、Buddha（仏）の固有名詞化と軌を一にして固有名詞化の道を辿ることになる。菩薩という呼称の起源はまだ不明な点が多く、確定した説はないが、ここではその一つの解釈を紹介しよう。仏滅後、仏教は輪廻を前提とした教理の体系化に踏み出し、この流れに連動して、ブッダの覚りの神格化はブッダの過去世物語を産出した。つまり、ブッダの覚りは今生の六年間の修行だけで成就したのではなく、数かぎりない過去世での修行があってはじめて可能になったと考えられるようになった。これが「ジャータカ」と呼ばれるブッダの本生（前世）物語である。

　こうして多くの本生話が作られ、人や動物に輪廻しながら、ブッダは布施等の様々な行を実践してきたと説かれるようになったが、本生話創作の過程において修行の起点が問題になった。そもそもこのような修行の出発点をどこに求めるべきか。こうして考え出されたのが、燃灯仏授記の話である。Pāli の伝承によれば、ブッダの本生スメーダが将来、仏になることを決意して泥の上に自らの髪を布《し》き、燃灯仏を渡そうとし、また成仏の誓願を立てたので、それを見た燃灯仏はスメーダの成仏を予言したと言う。ブッダはこれを起点にして善行や修行を積み、覚りを求めるようになったのである。

　この燃灯仏授記に「菩薩」の起源を求めるのが平川［1989: 262–274］である。燃灯仏授記以降、ブッダはまだ覚りを開いてはいないが、燃灯仏に授記された時点で将来の覚りは確定しているから単なる有情でもない。こうして彼は燃灯仏授記以降「菩提（bodhi）を求める有情（sattva/satta）」であり、「菩提を得ることが確定している有情」というわけで「菩薩（Bodhisattva/Bodhisatta）」と呼ばれることになった。こうしてジャータカの中はもちろん、今生においても覚りを開くまでのブッダは菩薩と呼ばれることになる。この説には異論もあるが（勝本［2011］）、起源の問題はともかく、伝統仏教における菩薩はブッダの未正覚時の名前として用いられるから固有名詞であり、過去仏の未正覚時を除けば、菩薩はブッダ一人しか存在しないし、それ以外の菩薩を認めることはない。一方、大乗仏教の「菩薩」は「仏」と同じく固有名詞から普通名詞に転化し、「覚りを求める有情」一般を意味するので、伝統仏教の考え方とは相容れないのである。

2 一世界一仏論

仏の数と世界の数

ではつぎに、菩薩思想に関わる「一世界一仏論」に話を移そう。伝統仏教が伝持する初期経典には「一世界一仏論」が説かれているが、まずはその内容を確認してみよう。出典は『中部』所収の「多界経《たかいきょう》」である。

一つの世界に二人の阿羅漢・正等覚者が、前でもなく後ろでもなく〔同時に〕出現することは可能ではなく、不可能である。これは可能ではないと知る。しかし、一つの世界に一人の阿羅漢・正等覚者が出現することは可能である。これは可能であると知る（MN iii 65.14-19）。

では、なぜ同時に二人の仏がこの世界に出現しない（あるいは、できない）のだろうか。その理由を倶舎論はつぎのように説明する。

二人〔の転輪王〕は同時に出現せず、仏の如く。

経典に「〔これは〕可能でもなく、不可能である。前でもなく仏でもなく〔同時に〕二人の如来・阿羅漢・正等覚者が〔一つの〕世間に出現することは可能ではないが、一人の如来は可能である。二人の転輪王も、如来と同じ」と言われている。これについて、「一体ここで〔一つの〕三千大千世界が「世間」と認められるのか、あるいは一切の世界なのか」が考察されなければならない。ある人々（説一切有部）は言う。「〔この三千大千世界以外の〕他の場所には諸仏は出現しない。なぜなら、世尊の能力との矛盾があってはならないからだ。というのも、世尊はただ一人で一切の場所において〔教化〕できる。一人の仏が所化《しょけ》〔の有情〕を教化できない場所では、他の〔仏〕も〔教化〕できないからである」（AKBh 184.18-25）

仏の力は絶大であり、一人で世界のすべての有情を教化する力を充分備えているので、二人は必要ないというのが論旨である。当初はそれほど大きな意味を持つ教義ではなかったと考えられるが、大乗仏教的な動き、すなわち反伝統仏教の動きが胎動するにつけ、そしてまた大乗仏教が興起してその教義を体系化しようとするさいに、この「一世界一仏論」は大乗仏教に対して大きな抑止力が期待されたと考えられるのである。倶舎論が世界を「三千大千世界の中の一つの世界」ではなく、「三千大千世界のすべての世界（＝全宇宙）」と明記している点について考えてみよう。「一世界一仏論」が考案された当初の段階で「三千大千世界」という世界観は熟していなかったであろうから、この倶舎論の理解はそう古いものとは思われないが、ある時期、説一切有部は「世界＝三千大千世界＝全宇宙」という理解を示すようになる。なぜか。

伝統仏教が一仏にこだわるのは、ブッダに対する絶大な信仰と敬虔《けいけん》さによるものと考えられる。ブッダを絶対視し神格化すればするほど、ブッダ以外の仏や菩薩がこの世に誕生する余地はない。そんな存在を認めることは、ブッダに対する冒瀆《ぼうとく》につながる。そして涅槃に入ったあとも、遺骨が「生きたブッダ」として機能しているという考え方も、伝統仏教には存在していた。しかしその一方で、一部の仏教徒はブッダは入滅を以てその存在（色身）は消滅したと考え、それに代わって、「今、悩める私を救済してくれる現在せる仏」を希求した。阿弥陀仏に代表される救済仏の希求である。

伝統的な教義「一世界一仏論」に抵触せずに現在せる救済仏の存在を確保したいが、どうすればそれが可能になるのか。答えは、世界観を拡げ、「この娑婆世界」以外にも世界は無数に存在すると考えればよい。そうすれば「一世界一仏論」に抵触せず、現在多仏の存在を容認できる。実際に大衆部系の『大事』には、現在多仏が説かれている。まず十地を説く中の第六地では、マハーカーシャパの「正等覚者達が法を説いておられる仏国土は、現時点で他にどれくらいあるのか」という質問にマハーカーティヤーヤナが詩頌を以て答える場面があるが、ここで彼は「東方に五仏、南方に三仏、西方に一仏、北方に一仏、下方に一仏、上方に一仏」の存在を示す（Mv. i. 123.6-124.10; 平岡［2010a: 78-79］）。またこのあとで、さらに現在多仏を裏づけるつぎのような詩頌が説かれる。

更に、幾千なる数多の仏国土あり。他の幾千なる仏国土の辺際は知られず。幾千なる空なる仏国土の内なる辺際は知られず、幾千なる世界の内なる辺際も知られず（Mv. i 124.11-14; 平岡［2010a: 79］）。

最後にもう一つ同時に複数の仏が存在することの証左となる用例を挙げておく。これはMv. の中でも後半に位置し、ブッダの初転法輪にからめて説かれているが、この用例はあまり指摘されていないので、ここであらためて紹介してみたい。

世尊が法輪を転じられると、六十一の世界とそれからさらに〔他の〕仏国土にも〔自分の〕話す音声で〔その内容を〕知らされた。そのとき、それぞれの他の世界の衆会《しゅえ》の中で説法していた諸仏・諸世尊は、世尊の法輪が転じられると、黙ってしまった。正等覚者ドゥシュプラサハは衆会の中で法を説いていたが、仏の声が流れてくると、世尊ドゥシュプラサハも黙ってしまった。驚いた衆会の者は世尊ドゥシュプラサハに尋ねた。「世尊よ、仏の声が流れてきましたが、それが流れるや、世間の主ドゥシュプラサハは黙ってしまわれました。衆会の者は驚いております。雀の甘美な声と雷のゴロゴロという声が近づいてくるようです。仏の声が流れ出たら、論者の最上者たる世尊はお話しにならないのですか」と。

ドゥシュプラサハは言った。「マハーナーマンよ、その世界にて勝者たる釈迦牟尼の法輪を転じたれば、その声は流れ出でたり。覚知の無上なる者の〔声〕は、幾千なる無数の世界に響き渡り、遠きも近きが如く聞こゆるなり」(Mv. iii 341.18-342.11; 平岡［2010b: 424］)

これは「現在多仏」の思想が実際の説話に反映され、大乗経典の記述を彷彿《ほうふつ》とさせる。大乗経典と『大事』との影響関係については慎重でなければならないが(平岡［1999］)、このような考え方はブッダ一仏にこだわる伝統仏教の教義からは著しく逸脱する。倶舎論で「一世界一仏論」の「世界」を「三千大千世界＝全宇宙」と規定したのは、他部派において現在多仏を認める見解が醸成されてきたことによると考えられる。大衆部などは世界観を拡大し、この世以外にも世界があることを認めることで現在多仏を主張したが、おそらく倶舎論はこの動きを牽制する意味で世界を再定義し、「全宇宙にはブッダ一仏のみ」の再確認を試みたのではないか。

また、この「一世界一仏論」は、別の意味で大乗仏教の思想に対抗する盾の役割を担っていた。その思想とは菩薩思想であるが、ここで問題になるのが「菩薩になるための条件」である。何を以て菩薩たり得るのか。仏教にかぎらず、何かを決定するさいの基準として拠り所になるのが「前例」である。ブッダはどのようにして菩薩となったのだろうか。伝統仏教側からすれば、大乗仏教が自分たちを菩薩と名乗るなら、ブッダが菩薩となったときの条件と同じものを大乗仏教側に求めるのは当然である。

対立による理論深化

これについて、『仏種姓経《ぶっしゅしょうきょう》』の燃灯仏授記物語に注目してみよう。スメーダは泥濘《ぬかるみ》に自分の髪を拡げて、その上を燃灯仏が進み行かれんことを願い、他者救済の決意をすると、それを知った燃灯仏はスメーダに成仏の記別を授ける。授記のあとは、自ら思念して仏になるための行として十波羅蜜を求め、その実践を誓うというものである。そして、成仏を願う者は以下の八つの条件を満たしていなければならないと言う。

①人たること、②男たること、③因あること、④師（仏）に会うこと、⑤出家せること、⑥〔神通・禅定等の〕徳を具せること、⑦〔仏に〕奉仕すること、⑧意欲あること、〔この〕八法の合わさるにより、決意は成就せり（Bu. ii 58）。

このうち、④の条件に注目してほしい。菩薩になるためには「仏に会うこと」が必須の条件となっている。この注釈は、④の条件をつぎのように説明する。

「師（仏）に会うこと」とは？　――もしも生きている仏のもとで〔成仏を〕望めば、〔その〕願いは叶うが、般涅槃した世尊、塔廟《とうびょう》のもと、菩提樹の根元、〔仏〕像、あるいは独覚や仏弟子のもとで〔成仏を願っても、その〕願いは叶わない。どうしてか。〔生きている仏だけが〕適不適を知り、業の異熟を見極める智によって〔自分の行く末を〕見極め、予言することができるので、仏のもとでの願いのみが叶うからだ（Bu-a. 91.32-92.2）。

ここでは「仏に会うこと」が菩薩の条件として設定され、現在他方仏や現在多仏を認めるなら、同時に複数の菩薩が存在することも可能となる。北伝資料（主に説一切有部の論書）も南伝資料ほど体系的ではないが、「仏に会うこと」を菩薩の条件とする点は同じだ（勝本［2005］）。大乗教徒は菩薩になるために現在仏を希求したが、伝統仏教は「一世界一仏論」で容赦なくこれを潰しにかかる。しかも「三千大千世界＝全宇宙」と定義すれば、無仏の世にあっては他の仏に会えないので、大乗仏教の牙城である菩薩思想を崩すことができる。伝統仏教の中には仏塔を「生きているブッダ」とみなしていたが、注釈書はそれをも無慈悲に否定する。だが、大乗仏教も負けていない。『大智度論』（T. 1509, xxv 93b17 ff.）は三千大千世界よりもさらに広大な「十方世界」を持ち出し、そこには現在仏がいるとする。以上の資料の記述をふまえ、伝統仏教と大乗仏教とのやり取りを戯曲風にまとめると、つぎのようになろうか。

大乗仏教：「一般の有情でも菩薩になれるし、仏になることも可能である」

伝統仏教：「まずいことを主張する輩《やから》が出てきた。そうだ。ブッダは燃灯仏のもとで成仏の記別を授かって仏になったという伝承があるので、これを使おう。菩薩や仏になるためには、仏に会って、仏から記別を授かることを条件とすればよい。これなら、無仏の世である現在、誰も菩薩や仏にはなれまい」

大乗仏教：「確かにブッダは燃灯仏に授記されて菩薩になり、仏になっている。この伝承は無視できない。かといって現在、仏はいない。そうだ、仏はいないが、仏塔や仏像があるではないか。これを仏に見たてればよい」

伝統仏教：「仏塔や仏像は業の異熟を見極める智によって〔自分の行く末を〕見極め、予言することができないから、仏塔や仏像を仏の代わりにはできない」

大乗仏教：「確かに。困ったぞ。とするなら、やはり実際の仏に会うしかない。だが、一世界一仏論という大原則があるから、現在、第二の仏をこの世に求めることはできない。いや待てよ。世界はこの世にかぎったことではない。三千大千世界という無数の世界を認めれば、一世界一仏論に抵触することなく、現在多仏を認めることができるぞ。これだ！　そこに生まれ変われば仏に会えるし、三昧を通して仏に会えれば菩薩になれるし、仏になることできる」

伝統仏教：「三千大千世界に存在するのはブッダのみであり、それ以外に仏はいない。よって現在他方仏は認められず、現在、仏に会うことはできない」

大乗仏教：「確かに三千大千世界に存在するのはブッダ一仏だが、十方世界には別の仏が現在いるので、今は無仏の世ではなく、会おうと思えば仏に会えるのだ」

こうして、ブッダ一仏に固執する伝統仏教と現在多仏が生命線の大乗仏教は、互いに理論武装する中でそれぞれの教義を深化させていったと考えられるのである。

第三章

主要な大乗経典と仏伝

一　大乗経典研究の基本的手法

インド語・漢訳・蔵訳

本格的な考察に入る前に、大乗経典という文献研究の基本的な手法についてまとめておく。初期経典の研究は、Pāliで保存されている南伝のニカーヤと、Skt.や漢訳で保存されている北伝の阿含の比較研究が主な手法となるが、大乗経典研究の場合、特有の事情が存在する。それは漢訳資料の存在である。というのも、大乗経典は紀元前後からおよそ千年をかけて、同一の経典が複数回、漢訳しなおされることがあるからである。たとえば、無量寿経は、中国の経録によると、十二回の漢訳が確認されるが、現存するのは五本である。五回も漢訳される理由は、その元となるインド原典が時代とともに増広し、その都度、漢訳されたからだ。

たとえば、無量寿経のUrtext（原初版）をかりにX1とする。これが時間の経過とともに増広し、X2に改変される。そしてこれがX3→X4→X5へと増広を繰り返す。そして、X1の写本が何度か書写されると、X1の複製が多数生まれる。またその複製も常にUrtextがコピーされるわけではなく、コピーのコピー、そのまたコピーの可能性もある。そしてこのX1がX2に増広する場合、そのX2が基づいた原本がそのX1のどれに基づいているかを判断するのは難しい。X2からX3へ、X3からX4への増広もこれに同じである。そして漢訳も、それがどのバージョンに基づいているかはほぼ解明不能である。

ではここで、インド語資料の強みと弱みを整理しておく。まずSkt.で残されているインド語資料の強みは、漢訳と蔵訳が「翻訳」であるのに対し、なんと言ってもオリジナル（原典）としての価値を持つ点だ。一方、短所は、Skt.の写本の成立（書写年代）が新しいということであろう。最近、発見されたスコイエン・コレクションには三世紀前後という古い成立の写本もあるが、総じてSkt.写本はその成立が新しい。数十年前に発見されたギルギット写本は当時としては画期的な発見であったが、それでも九世紀前後の成立であり、ネパール写本に至っては十八世紀以降の成立である。

ただし書写年代が新しいからといって、その内容が大きく改変されるわけではない。たとえば、平安時代の源氏物語の写本を今、書写すれば、その成立は平成二十七年だが、忠実に書写すれば、その内容は平安時代に遡りうる。『ディヴィヤ・アヴァダーナ』の刊本は複数のネパール写本に基づいて校訂され、説話によってはギルギット写本にも平行話が存在するが、両者を比較しても大きな異読が存在するわけではない。さらに同資料第十九章の一部はスコイエン・コレクションの写本（Baums［2002］）とパラレルだが、それとネパール写本との間に大きな齟齬がないことは確認しておいてもよい。

さてこれまで無批判に「オリジナル」や「インド原典」という語を用いてきたが、これには注意が必要だと下田［2011b: 188-189］は指摘する。下田はヒニューバー（von Hinüber［1982; 1989］）の研究を引用しつつ、現存する南伝資料の言語Pāliは人為的改変をこうむっていること、またSkt.は本来の俗語から時間の経過とともに梵語化したものであることなどを理由に、Pāli仏典もSkt.仏典もあくまで「インド系言語で記された仏典」の域を出ず、それらを「原典」と呼ぶのは誤解を生みやすいと警鐘を鳴らす。「インド原典」という言葉を使うとしても、この点は注意しておく必要があるだろう。

では翻訳資料の強みと弱みも整理しておこう。まず蔵訳だが、インド原典の蔵訳は八世紀にはじまったと考えられている。ただし、大蔵経と呼べる最古のものは十四世紀の旧ナルタン写本カンギュル（経部）であり、そう古くはない。蔵訳の強みは、漢訳と比してインド原典との近さにある。蔵訳は言語体系が漢訳ほどSkt.と隔たっておらず、Skt.の逐語訳なので、漢訳とは比較にならないほど蔵訳からのSkt.への復元が容易であり、インド原典がない場合でも蔵訳からある程度Skt.を想定できるという利点がある。一方の弱みは、その成立の新しさとバリエーションの少なさであろう。チベットでは、漢訳のようにインド原典が増広されるたびに蔵訳されているわけではなく、また蔵訳の元は旧ナルタン写本であり、各種の版もこの写本に基づいているので、有意な異読が多く存在するわけではない。

最後に漢訳だが、その弱みは、インド語と言語体系が異なる点、またその翻訳も逐語的ではなく意訳的であることだ。したがって漢訳しかない場合、漢訳からインド原典を想定することは難しい。では、強みはどうか。まず最初に指摘すべきは、その成立の古さであろう。最古のものは二世紀にまで遡る漢訳もあり、その古さは圧倒的である。また漢訳の場合は漢訳された年代が明確であるため、思想発展の歴史的規定が容易である。経典によっては、長い年月をへて何度も漢訳されているから、漢訳諸訳を比較考察することで、その経典や思想の歴史的な発展を跡づけることが可能になる（なお、漢訳をめぐる諸事情を解明した労作として、船山［2013］を指摘しておく）。

比較による補完

このように、インド原典・蔵訳・漢訳はそれぞれ長所と短所を持っているが、三者をうまく融合させ、足らないところを補完しながら研究することが必要になる。とくに漢訳は思想発展を跡づける資料として欠かせない。わかりやすい例として、ふたたび無量寿経を取りあげてみよう。現存する資料は以下のとおり（漢訳年代は香川［1984:7–33］を参照）。

・Skt. 原典：Sukhāvatī-vyūha
・蔵訳：Hphags pa 'od dpag med kyi bkod pa shes bya ba theg pa chen po'i mdo
・漢訳：①『阿弥陀《あみだ》三耶《さんや》三仏《さんぶつ》薩《さ》楼《る》仏檀《ぶつだん》過《か》度《ど》人道経《にんどうきょう》（＝大阿弥陀経）』（一七八―一八九年）
　②『無量清浄平等覚経《むりょうしょうじょうびょうどうかくきょう》』（三〇八年）
　③『無量寿経』（四二一年）

④『大宝積経《だいほうしゃくきょう》・無量寿如来会《むりょうじゅにょらいえ》』（七〇六―七一三年）

⑤『大乗無量寿荘厳経《だいじょうむりょうじゅしょうごんきょう》』（九九一年）

無量寿経は、法蔵菩薩が長時にわたる修行の末に阿弥陀仏になった経緯を説く経典であるが、修行をはじめるにあたり、四十八の誓願を立てることで有名な経典である。さてこの誓願の数であるが、Skt. 原典と蔵訳は内容的によく一致し、誓願の数も四十七で一致する。一方の漢訳だが、古訳に属する①と②は二十四願、③と④は四十八願、そして⑤は三十六願を説くので、無量寿経は八百年近い年月をかけて、二十四願から四十八願に増広し、そして三十六願へと縮小の道を辿ったことが漢訳資料の比較から推測される（藤田［1970: 385-391］）。またインド原典と蔵訳とは漢訳③と④が基づいた原典に近いということも、これからわかる。このように、資料の成立や発展段階を跡づける資料として、漢訳は欠かせないし、Skt. 原典を補完する重要な役割も果たしている。むろん事態はこれほど単純ではないが、一例として紹介した。

つぎに、維摩経の二身説をとりあげる。梵本の維摩経では二身説が明確に説かれていたことはすでに確認したので、これに対応する漢訳を見てみよう。維摩経の漢訳を年代順に整理すると、つぎのようになる。

①『維摩詰経《ゆいまきつきょう》』（二二三―二五三年）

②『維摩詰所説経《ゆいまきつしょせつきょう》』（四〇六年）
③『説無垢称経《せつむくしょうきょう》』（六二七―六四九年）

では第二章「友よ、如来の身体とは法身のことであり、知から生じる。如来の身体は功徳から生じ、布施から生じる。また五分法身（戒・定・慧・解脱・解脱知見）から生じ、四無量心（慈・悲・喜・捨）から生じ、（後略）」の対応漢訳から。

①『維摩詰経』「仏の法身は福祐《ふくゆう》より生ず。仏身は智より生ず。戒品定品慧品解品度知見品より、慈悲喜護より生ず」（T. 474, xiv 521b15-17）

②『維摩詰所説経』「仏身とは即ち法身なり。無量なる功徳の智慧より、戒定慧解脱解脱智見より生ず。慈悲喜捨より生ず」（T. 475, xiv 539c1-3）

③『説無垢称経』「如来の身は、無量なる善法の共に集成する所なり。無量殊勝福徳智慧を修するに従《よ》りて生ずる所なり。無量なる勝戒定慧解脱解脱智見を修するに従りて生ずる所なり。慈悲喜捨を修するに従りて生ずる所なり」（T. 476, xiv 561a10-13）

つづいて「如来〔の身体〕は法身であり、食物で養われる身体ではありません。如来は世間を越えた身体を有し、一切の世間的な性質を超越しています。云々」の対応漢訳は以下のとおり。

①『維摩詰経』「如来は法身にして思欲身に非ず。仏は世尊為りて諸世間を過ぎたれば、仏身は無漏にして諸漏已に尽く」（T. 474, xiv 523c6–7）

②『維摩詰所説経』「諸如来の身は即ち是れ法身にして思欲身に非ず。仏は世尊為りて三界を過ぎたれば、仏身は無漏にして諸漏已に尽く」（T. 475, xiv 542a16–17）

③『説無垢称経』「如来の身は即ち是れ法身にして雑穢《ぞうえ》身に非ず。是れ出世の身にして世法に染らず。是れ無漏の身にして一切の漏を離る」（T. 476, xiv 564b16–17）

このように、最古訳①の段階ですでに如来の身体を「法身」と理解していることが確認される。ただし、これと対《つい》をなすのは「生身」や「色身」ではなく「思欲身」や「雑穢身」であり、「色身／法身」という術語を用いた、教理としての二身説はまだ初期の段階では熟していなかったが、「不変の身体／変異する身体」という対比で、ブッダの身体をとらえていたことは窺える。

つぎに般若経の例を取りあげる。般若経には金剛般若経や般若心経など、比較的小部の般若経も存在するが、大部なものには小品系般若経と大品系般若経の二系統がある。そのうちここでは小品系般若経について考えてみよう。資料は以下のとおり（般若経の漢訳年代は、三枝［1971:56–68］を参照）。

・Skt. 原典：Aṣṭasāhasrikā-prajñāpāramitā-sūtra
・蔵訳：Hphags pa she rab kyi pha rol tu phyin pa brgyad stong pa
・漢訳：①『道行《どうぎょう》　般若経《はんにゃきょう》』（一七九年）
②『大明度《だいみょうど》無極経《むごくきょう》』（二二二〜二二八年）
③『摩訶《まか》般若《はんにゃ》波羅蜜《はらみつ》鈔　経《しょうきょう》』（二六五〜二七二年）
④『小品般若波羅蜜経』（四〇八年）
⑤『大般若《だいはんにゃ》波羅蜜多《はらみった》経第四会《きょうだいしえ》』（六六〇〜六六三年）
⑥『大般若波羅蜜多経第五会』（六六〇〜六六三年）
⑦『仏母出生《ぶつもしゅっしょう》三法蔵《さんほうぞう》般若《はんにゃ》波羅蜜多経《はらみったきょう》』（九八二年以降）

このうち、インド原典と蔵訳によく一致するのが最新の⑦なので、インド原典から古い段階の情報を得ようとすれば、これら漢訳の綿密な比較を行い、それがインド原典にトレースできるかどうかを確認しなければならない。今は一例として、すでに取りあげた二身説、すなわち「色身／法身」の問題を漢訳諸訳で比較する。紙幅の都合上、二例の検討のみに留める。一つは八千頌般若経第三十一章の用例である。梵本の「如来は色身として見られるべきではないからである。如来たちは真理（法）を身体とする者、すなわち法身なのである」に相当する箇所が漢訳諸訳でどう説かれているかを整理すると、これに対応する箇所があるのは④と⑦だけであり、④「諸仏如来は応《まさ》に色身を以て見るべからず。諸仏如来は皆、是れ法身なるが故に」（T. 227, viii 584b10–11）、⑦「如来は是れ即ち法身なり。色身と見るべきに非ず」（T. 228, viii 674a11–12）とある。

これから明らかなように、「色身／法身」の対比は、①や②には現れず、また「法身」の語もまったくない。③は鈔訳のために該当する章自体が存在しないが、④以降には現れることから、二身説は遅くとも四世紀には成立していたと考えられる。ただ、この二身説をどこまで古く遡らせることができるかは難題である。①や②の古い訳経にないからといって、二身説自体が存在しなかったとは言えない。あったとしても、『道行般若経』や『大明度無極経』がそれを採用しなかった可能性もあるからだ。

ともかく、この比較から、少なくとも鳩摩羅什《くまらじゅう》訳『小品般若波羅蜜経』の成立までに、二身説は成立していたことがわかる（梶山［1996: 33–34］）。これを大品系の般若経でも確かめると、同様の記述は鳩摩羅什訳『摩訶般若波羅蜜経』にも見られ、「諸仏は色身を以て見るべからず。諸仏の法身は無来無去なり」（T. 223, viii 421c16–17）とあるが、これが古訳『放光般若波羅蜜経《ほうこうはんにゃはらみっきょう》』（二九一年訳）では、「色身を以て如来を観ること莫《なか》れ。如来は法性なり。法性は亦《ま》た不来にして亦た不去なり」（T. 221, viii 145a29–b2）となっている。このように『放光般若波羅蜜経』の段階では「色身」に対して「法性」を以てしているが、これが鳩摩羅什訳の段階になると「法身」に置き換わっているのである。

さらにもう一つ、すでに引用した八千頌般若経で、遺骨（色身）の供養と般若波羅蜜（法身）

の供養を対比させ、色身よりも法身の供養を重視していることをシャクラが説く場面があったが、これに対応する漢訳諸訳を比較してみる。ブッダに「如来の遺骨がその頂まで充たされた閻浮提と、般若波羅蜜が書き記されたもののうち、どちらか一方が与えられるとすれば、お前はどちらを取るか」と質問されたシャクラの答えである。最古の漢訳である①『道行般若経』ではつぎのように説かれる。

「寧《むし》ろ般若波羅蜜を取らん。何を以ての故に。我、敢て舎利を敬わざるにはあらず。天中天、中より舎利を出すがゆえに。般若波羅蜜を供養す。中に舎利を出し、中より供養を得（中略）般若波羅蜜は怛薩阿竭阿羅呵三耶三仏の舎利を出す。薩芸若《さつうんにゃ》の智慧は中より生身を出す」（T. 224, viii 435c3–12）

②（T. 225, viii 485b9 ff.）、③（T. 226, viii 517b18 ff.）、そして、④（T. 227, viii 545b5 ff.）はほぼこれと同内容なので省略するが、⑤になって「法身」が登場する。

「我が意、寧ろ甚深なる般若波羅蜜多を取らん。所以《ゆえん》は何《いか》ん。我、諸仏の設利羅《せつりら》の所に於て、信楽供養恭敬せざるには非ず。然《しか》れば諸仏の身及び設利羅は皆、般若波羅蜜多なる甚深法門より出生するが故に。皆、般若波羅蜜多なる甚深法門の功徳威力より重修せる所なるが故に。

乃《すなわ》ち一切世間天人阿素洛等の供養恭敬尊重讃歎の為に（中略）一切の如来応正等覚《にょらいおうしょうとうがく》は皆、般若波羅蜜多《はんにゃはらみった》通達《つうだつ》真如《しんにょ》法界《ほっかい》法性《ほっしょう》 及実際等に由りて法身を成就す。法身に由るが故に、名づけて仏と為すと説く。仏の設利羅は法身に依るが故に。乃ち為に世間は恭敬供養す」（T. 220, vii 781b26–c8）

⑥（T. 220, vii 877c8 ff.）には「法身」が使われないが、⑦でふたたび登場する。

「当《まさ》に般若波羅蜜多分を取るべし。何を以ての故に。諸仏如来の有する所は化相身・実義身にして、説法身と説く。是の如き等の身、皆法身より出生する所の故に。如実の際より出現する所の故に。如実の際とは所謂般若波羅蜜多なり。諸仏世尊の所有せる諸身、亦《ま》た復《ま》た是の般若波羅蜜多より生ず。この故に如来の舎利に於いて瞻礼供養するを得。復た如来の舎利を供養すと雖も、此の般若波羅蜜多の尊重供養には如《し》かず。所以は何《いか》ん。諸如来の身は、是の般若波羅蜜多より出生する所の故に（中略）如来の所有せる一切智は如来の身に依る。この身は復た一切智に由りて得。是の縁を以ての故に、如実智に従りて如来の一切智智を出生す。是の智、復た般若波羅蜜多より生ずる所なり」（T. 228, viii 601c17–602a4）

こうして比較してみると、最古の漢訳の段階で般若波羅蜜と舎利とを対比し、舎利よりも般若波羅蜜を重視する姿勢が見られ、また⑤以降、その般若波羅蜜が「法身」として理解されるようになったことがわかる。以上の考察から、「色身／法身」という術語を用いた二身説は四世紀には熟していたと考えられるが、その祖型は漢訳最古の段階ですでに胚胎《はいたい》していたと見ることができる。こうして漢訳諸資料を比較考察することにより、大乗経典の成立や思想の発展がある程度、跡づけられることを確認した。このように、漢訳仏典は仏教思想の発展を跡づける資料として欠かせないのである。

二　燃灯仏授記にはじまる成道と救済

仏伝の三世

では具体的に、主要な大乗経典を「仏伝」という視座からとらえ、大乗経典が仏伝をふまえて創作されていることを確認していく。大乗経典によって仏伝の反映度に濃淡はあるが、何らかの形で仏伝のある部分や全体を視野に入れて大乗経典が作られていることがわかるであろう。ここで、仏伝の主要な事項を三世に分けてまとめておく。

・過去世：燃灯仏授記→菩薩時代の修行

・現在世：誕生↓出家↓修行↓降魔↓成道↓初転法輪↓布教↓涅槃
・未来世：仏滅後

ではこれをふまえ、この順番にそって、大乗経典を仏伝という視点からとらえなおしてみたい。まずは燃灯仏授記からはじまるブッダの生き方に範をとり、ブッダを新たな救済仏としてよみがえらせた無量寿経と阿閦仏国経《あしゅくぶっこくきょう》の他方仏国土系の大乗経典から見ていこう。これらの経典の特徴は、ある仏国土を構える仏が、過去世のある仏のもとで誓願を立てると、それを実現するために永劫の修行を重ね、その果報として独自の仏国土を建立したと説くことにあるから、仏伝の「燃灯仏授記↓菩薩としての修行↓成道↓布教（救済）」を意識した大乗経典と言える。

無量寿経

まずは、インドのみならず、中国や日本において重要な思想的・宗教的役割を果たしてきた無量寿経を取りあげよう。その漢訳は古来より「五存七欠」と言われ、経録などを参考にすれば、計十二回漢訳されているが、現存するのは五訳である。ではまずSkt.原典の記述を見てみよう。本経は、ブッダがアーナンダを対告者とし、阿弥陀仏の過去物語を説くという形式をとる。

「アーナンダよ、かつて過去世において、今より無数のさらに無数の量ることもできず、考えることもできない広大な劫を隔てた遠い昔、その時その折に、ディーパンカラ〔燃灯〕という如来・阿羅漢・正等覚者が世に現れた。アーナンダよ、ディーパンカラのさらに昔には、プラターパヴァットという如来がいた。〔以下、七十名を越える過去仏が列挙され、過去に遡る。〕シンハマティという〔如来がいた〕。アーナンダよ、シンハマティのさらに昔には、世《せ》自《じ》在《ざい》王《おう》（ローケーシュヴァララージャ）という如来・阿羅漢・正等覚者・明行足《みょうぎょうそく》・善逝・世《せ》間解《けんげ》・無上士《むじょうし》・調御丈夫《ちょうぎょじょうぶ》・天人師・仏・世尊がこの世に現れた。また実にアーナンダよ、如来・阿羅漢・正等覚者の世自在王が法を説いたとき、法蔵（ダルマーカラ）という比丘がいた。〔彼〕は卓越した記憶力を持ち、理解力があり、智慧を具《そな》え、精進に邁進《まいしん》し、広大な信を持っていた」（L-Sukh. 5.7–6.27）

こうして燃灯仏の時代をはるかに遡る過去世に、世自在王仏と法蔵比丘とが出会う場面が設定される。法蔵比丘は世自在王仏に無上正等菩提に心を発したことを告げ、どうしたら優れた仏国土が建立できるか尋ねる。そこで世自在王仏は彼のために、一コーティもの時間を費やして、百千コーティ・ナユタの八十一倍の仏たちの仏国土の優れた有様を詳細に説明した。それを聞いた法蔵比丘は、自分が理想とする仏国土の実現を目指し、世自在王仏の前で四十八（梵本では四十七）の誓願を立てたのである。

その誓願を実現するために、法蔵比丘は菩薩行を、無量・無数・不可思議・無比・不可量・無限・不可説の百千コーティ・ナユタという悠久の時間をかけて実践し、ついに阿弥陀仏となる。法蔵比丘が阿弥陀仏の前で誓願を立て、長時の修行のすえ、ついに覚りを開いたという話は、燃灯仏授記（釈迦菩薩が燃灯仏の前で誓願を立て、修行の結果、今生で覚りを開いて仏となったという話）とパラレルであることは明白である。つまり、無量寿経の「法蔵比丘と世自在王仏」の関係は、燃灯仏授記の「釈迦菩薩と燃灯仏」の関係に置換可能なのである。

ただし、無量寿経は燃灯仏授記をそのまま援用したのではなく、伝統仏教の燃灯仏授記を相対化し再解釈する。伝統仏教では燃灯仏授記がブッダ修行の起点として位置づけられ、燃灯仏以前に仏の存在を認めないから、燃灯仏は「始原の仏／最古の過去仏」であるが、無量寿経は燃灯仏を「最新の過去仏」として相対化している。そしてそこから過去仏の系譜を遡ること七十余人の過去仏をへて、ようやく世自在王仏に辿り着く。つまり、無量寿経は燃灯仏に始まる伝統仏教の歴史をさらに塗り替える歴史性を確保しようとしているのである。

ところでこの法蔵比丘だが、彼がブッダの投影であることを主張するためには、彼がブッダと同様にクシャトリア出身であるのが望ましい。しかしSkt.を見るかぎり、彼がクシャトリア出身であることを明記していない。そこで漢訳に注目してみよう。法蔵比丘の登場場面を漢訳年代の古い順に並べるとつぎのとおり。

『大阿弥陀経』「そのとき、世に大国王あり。王、仏の経道を聞き、心即ち歓喜し、解を開き、

便《すなわ》ち国を棄て、王を捐《す》て、行じて沙門となり、曇摩迦《どんまか》と字《あざな》す」（T. 362, xii 300c19–21）

『無量清浄平等覚経《むりょうしょうじょうびょうどうかくきょう》』「世に饒王《にょうおう》、経道を聞き、歓喜して解を開き、便ち国位を棄て、行じて比丘となり、曇摩迦留《どんまかる》と名づく」（T. 361, xii 280a27–29）

『無量寿経』「時に国王あり。仏の説法を聞き、心に悦予《えつちょ》を懐《いだ》き、尋ねて無上正真道意《むじょうしょうしんどうい》を発す。国を棄て、王を捐て、行じて沙門となり、号して法蔵と曰う」（T. 360, xii 267a16–17）

『大宝積経・無量寿如来会《にょらいえ》』「かの仏の法中に一比丘あり。名づけて法処《ほうしょ》と曰う」（T. 310, xi 92c27）

『大乗無量寿荘厳経《しょうごんきょう》』「法中に一苾芻《びく》あり。名づけて作法《さほう》と曰う」（T. 363, xii 318c7–8）

『大阿弥陀経』『無量清浄平等覚経』『無量寿経』の三経は彼を「王（クシャトリア）」とし、ブッダを意識していると考えられる。漢訳年代が新しい『大宝積経・無量寿如来会』と『大乗無量寿荘厳経』は梵本に一致し、王には言及しない。時代が下ると、初期の意図が忘れられてしまったのかもしれない。ともかく初期の段階では法蔵を「王」とし、彼がブッダの投影であると考えて大過なかろう。この意味で、伝統仏教のブッダの延長線上に阿弥陀仏を位置づけようとした藤田[1970: 259-376]は注目に値する労作である。

さてもう一点、重要な点を指摘しておこう。それは阿弥陀仏が「過去せる仏」ではなく、「現在せる仏」であることを経自身が述べている点である。そのあとのアーナンダとブッダの会話を紹介しよう。

「世尊よ、ではかの法蔵という菩薩大士は、無上正等菩提を等正覚して、すでに〔この世を〕去り般涅槃されたのですか。あるいはまだ等正覚されていないのですか。はたまた現に等正覚されて〔今も〕ここにおられ、生存され、時を過ごされ、そして法を説示されているのですか」

「アーナンダよ、実にかの如来はすでに〔この世を〕去ったのでもなく、いまだ来ないのでもない。そうではなく、かの如来は無上正等菩提を等正覚して、〔今も〕ここにおり、生存し、時を過ごし、そして法を説示している。ここより西方の、百千コーティ・ナユタ番目の仏国土である安楽世界に、無量光（アミターバ）という如来・阿羅漢・正等覚者は、無限の菩薩や声聞たちに囲まれ、恭敬されて、その仏国土の無限の完全さを具足しているのである」

（L-Sukh. 26.8–19）

阿弥陀経でも、ブッダがシャーリプトラに「シャーリプトラよ、この仏国より西方、百千コーティの仏国を越え行くと、安楽世界がある。そこには無量寿という如来・阿羅漢・正等覚者が今まさにおり、生存し、時を過ごし、そして法を説いている」（S-Sukh. 93.1-5）と、無量寿経と同じように強調する。無量寿経をはじめ、阿弥陀仏に言及する大乗経典は、阿弥陀仏を「単なる過去の仏」「物語に登場する架空の仏」にするのではなく、無仏の世にあって「私と現実に関わりを持つ仏」を模索したのである。無量寿経は般涅槃せるブッダに代わり、寿命無量の阿弥陀仏を誕生させたが、それは伝統仏教をまったく無視して捏造《ねつぞう》したのではなく、伝統仏教のブッダを再解釈し、ブッダの姿を投影して、阿弥陀仏という新たな仏を創作した。阿弥陀仏誕生の背景には様々な要因が考えられるが、「伝統仏教のブッダの再解釈」は確実にその一つと言えよう。

さて最後にもう一つ、無量寿経に見られる仏伝を指摘しておく。これは漢訳の『無量寿経』と『大宝積経・無量寿如来会』のみに見られる記述である。経の冒頭で衆会の参加者に言及する箇所があり、シャーリプトラやマウドガリヤーヤナなど、伝統的な仏弟子につづいて、大乗の菩薩も列席していたことを説くが、それらの菩薩を紹介するにあたり、つぎのような記述が見られる。ここでは『無量寿経』の記述を引用する。

〔これらの菩薩は〕兜率天に処して、正法を弘宣《ぐせん》し、かの天宮を捨てて、神を母胎に降す。右脇より生まれて、行くこと七歩を現す。光明は顕曜にして、普《あまね》く十方を照らし、無量の仏土は六種に振動す。〔菩薩は〕声を挙げて自ら称《とな》う、「我、当に世に於いて無上尊となるべし」と。（中略）老病死を見て世の非常を悟り、国と財位とを棄てて山に入り、道を学ぶ。（中略）魔は官属を率い、来りて逼《せま》り試む。〔菩薩は〕制するに智力をもってし、皆、降伏せしむ。微妙の法を得て最〔上の〕正覚を成ず。釈梵は祈勧《きかん》して法輪を転ぜんことを請う。〔菩薩は〕仏の遊歩をもってし、仏の吼《く》をし、しかも吼す。（中略）滅度を示現すれども、〔有情を〕拯済《しょうさい》すること極まりなく、諸漏を消除して、衆の徳本を殖え、功徳を具足せしむること、微妙にして量り難し（後略）」（T. 360, xii 265c24–266a24）

このように、大乗菩薩の所行がブッダの生涯と重ね合わされている。やはり大乗の菩薩はブッダの生き方を模範とし、理想としていたことが理解されるであろう。

阿閦仏国経

ブッダがシャーリプトラに、阿閦《あしゅく》仏の過去物語および彼の仏国土である妙喜《みょうき》（abhirati）世界の様子を説くのが阿閦仏国経である。極楽とは逆の東方に妙喜国があり、そこには大目《だいもく》仏が出現したが、ある比丘は「有情に怒りの心を起こさない」と誓い、実際にそれを実行したので、彼は阿閦（不動）と呼ばれるようになったが、彼は大目仏の前で、様々な誓願を立てる。これも無量寿経と同様、「阿閦菩薩と大目仏との関係」は「釈迦菩薩とディーパンカラ仏との関係」に置換可能である。本経は阿閦菩薩の出自に言及しないので、彼がクシャトリア出身かどうかは不明だが、逆に無量寿経にはなかった興味深い記述が本経に見出せる。阿閦菩薩が誓願を立てると、ある比丘が彼に「今、立ててた誓願が真実なら、右手の指で大地を按じ、大地を震動させせよ」と言う。彼がそうすると、大地は六種に震動し、それをうけて大目仏は彼に成仏の記別を授けた。

この右指で大地を按ずるという「触地印《そくじいん》」は、ブッダが大地の女神に降魔成道を証明させたという故事に基づく。成道直前のブッダにマーラが「汝が覚りを開くことを誰が知るのか」と詰め寄ると、ブッダは「私の覚りを証明せよ」と右手で大地を指さすと地神《じしん》が出現し、ブッダの証人になったと言う。インド仏教美術にも取りあげられる仏伝の伝承（宮治［2010: 330 ff.］）がここに採用されている。さらに興味深いのは、成仏の記別が授けられたあとの奇瑞《きずい》の説明である。ブッダはシャーリプトラに告げる。

「シャーリプトラよ、そのとき、大目如来・阿羅漢・正等覚者は、かの阿閦菩薩に、「善男子よ、お前は未来世において、阿閦と呼ばれる如来・阿羅漢・正等覚者・明行足・善逝・世間解・調御丈夫・無上士・天人師・仏・世尊になるだろう」と授記（予言）された。シャーリプトラよ、ちょうどディーパンカラ如来が私に無上正等菩提を獲得するだろうと授記されたように」（D. 50, Kha 11b6–12a2）

このように、ブッダは燃灯仏授記に明言している。そしてこのあと、ブッダはシャーリプトラに対し、さらにつぎのように、そのときの奇瑞を説明する。

「シャーリプトラよ、かの大目如来・阿羅漢・正等覚者は、かの阿閦菩薩に無上正等菩提を授記すると、この三千大千世界は大光明によって遍満され、この大地も六種に震動した。（中略）シャーリプトラよ、ちょうど私が無上正等菩提を正等覚し、一切智を獲得すると、この三千大千世界は大光明によって遍満され、この大地も六種に震動した（中略）ように」（D. 50, Kha 12a2-5）

このように自分が授記されたときの奇瑞と阿閦菩薩が授記されたときの奇瑞とが同様であることを指摘するが、これは「大明」に留まらず、「六種震動」以下、同じ調子で列挙されていく。それをまとめると、つぎのようになる（佐藤［2008: 19-20］）。

（一）光明・六種類の大地震
（二）木々や草木のお辞儀
（三）天龍八部衆《てんりゅうはちぶ》の来集
（四）安穏出産・視力回復・聴力回復・正気回復・諸機能回復
（五）悪人のままでは死なない
（六）神々の香り

このように、ブッダ自身の授記と阿閦菩薩の授記との共通点が詳細に説明されるが、これは阿閦菩薩が釈迦菩薩の投影であり、伝統仏教のブッダを阿閦仏国経なりに再解釈した仏が阿閦仏ということになろう。ここでも、仏伝が下地になって阿閦仏国経という大乗経典が創作されているのが確認できるのである。

最後に二点、仏伝と関連した本経の記述を紹介する。一つは第五章である。阿閦仏が般涅槃する日、彼は三千大千世界に化身を示現し、有情を教化して阿羅漢道に安住せしめ、また衆香天《しゅこうてん》菩薩に成仏の記別を授ける。般涅槃にさいし、阿閦仏は体から火を発し、体が焼けると、金色の舎利が残る。人々はそれを七宝《しっぽう》で飾って塔を建立し、供養する。仏滅後、彼の教えは百千劫の間、世に留まり、そのあとに滅すると言う。数の誇張はさておき、おおむね未来仏の弥勒の出現、遺骨崇拝、そして正法から末法へという仏教の下降的歴史観などの仏伝的要素を踏襲した記述がここに見られる。二つ目も同じく第五章に存在する。阿閦仏の般涅槃を説いたあと、かの仏国土に住する菩薩たちがそこから死没するさいに見る奇瑞をブッダがシャーリプトラに説明する箇所がある。

「十方世界すべての中の、ある世界では、菩薩大士たちが兜卒天衆に生まれるのを見る。ある世界では、菩薩大士たちが兜卒天衆に留まるのを見る。ある世界では、菩薩大士たちが兜卒天衆から死没するのを見る（以下同様に、入胎→誕生→七歩歩む→大声で笑う→子どもの遊びに興じる→後宮の中に留まる→出家する→苦行を実践する→菩提座に近づく→菩提座で沈思黙考する→尊敬と尊重の念を以て菩提座を右遶する→菩提座に坐りはじめる→菩提座に坐り終わる→マーラを征服する→無上正等菩提を正等覚し一切智を獲得する→仏・世尊が法輪を転じる→仏世尊が菩薩たちに授記する→無余涅槃《むよねはん》〔界〕に完全に般涅槃する）」（D. 50, Kha 49a7-50a4）

大乗菩薩の模範（お手本）は、やはり教祖ブッダなのである。

三　本生菩薩の追体験

ではつぎに、過去世での燃灯仏授記後、今生において覚りを開くまで、「ブッダが菩薩として修行した」というプロセスに焦点をあてる大乗経典を取りあげる。

郁伽長者所問経

本経は、郁伽《いくが》（ウグラ）という在家者が多数の居士を代表してブッダに問いを発し、それにブッダが答えるという形式からなり、在家の菩薩と出家の菩薩の実践のありようがブッダによって詳細に説明される。本経には桜部［1980］の和訳とナティエ（Nattier［2003］）の英訳があるが、ナティエの英訳は、訳だけではなく研究も付されており、その指摘は大乗起源に関する平川説の影響を大きくうけた日本の研究者にとってはきわめて刺激的である。彼女の研究の意義を、下田

[2004] はつぎのように表現する。

ナティエの指摘、「まず郁伽長者所問経の作者にとって、大乗とは学派（school）でもなく、教団（sect）でもなく、運動（movement）でもない。それは既成の仏教教団の中にあって追求されるべき格別な精神的使命である」をうけ、下田は、「菩薩は異なった教団を構成しているのではなく、既成の教団の中にあり、異なった学説を建てることはなくブッダが歩いた道を遵守し、何らかの組織的な運動を行うものではなく、仏となるための使命のみを持っている」と言う。つまり、菩薩は「仏教徒としてもっとも困難な道ゆき、究極の道を選択した仏教修行者たち」ということになる。さらに下田は、「郁伽長者所問経にかぎるなら、経典中には声聞批判の記述もなければ、三乗の記述も現れない。大乗は三乗という異なる教えを統一する高次の仏教ではなく、声聞とは区別されながら選択的にあゆむべき菩薩の道としてとらえられている」とも指摘する。かなり平川説を意識した表現となっているが、郁伽長者所問経の基本的立場を明解に言い表している。

では順次、最初から経典の内容を概観してみよう。郁伽長者の問いをうけたブッダは三帰依から在家の菩薩の実践を説明する。ただし三帰依と言っても、そこには大乗的な潤色が加えられる。たとえば、帰依仏とは「三十二相を具足し、三十二相を具足するもとになる善根を成就しようと精進すること」、帰依法とは「無上正等菩提を正等覚して、神・人・阿修羅を含めたこの全世界に法を説こうと決心すること」、そして帰依僧とは「無上正等菩提を正等覚して、声聞の徳を完成し、独覚の徳を完成するために法を説こうと決心すること」というように、従来の三帰依が新たに解釈しなおされている点が特徴的だ。そして三帰依の功徳を無上正等菩提に廻向《えこう》すべきであると説く。

このあと、「正当な手段で財を獲得すること」をはじめとする善士の道が説かれ、また五戒の遵守も説かれるが、三帰依のときと同様に、五戒遵守の功徳を無上正等菩提に廻向すべきであると説かれている。また、説法という利他行も在家菩薩の実践として強調されているが、これは伝統仏教にはない大乗独自の考え方である。つづいて、在家菩薩は家庭生活の過失を熟知すべきこと、布施にさいして無執着の態度が大切であること、妻や子に愛着を抱かぬように注意すること、出家者を尊崇することなどが説かれる。こうして在家の菩薩の実践が詳細に記述されたのち、今度は出世の生活が言葉を尽くして説明されるが、それは裏を返せば在家の生活の否定でもある。たとえば、「いかなる菩薩も、家庭にあっては無上正等菩提を正等覚することはない。彼らはすべて、在家の生活を離れ、森を思い、森に向かい、森に至って、無上正等菩提を正等覚する」という前置きにつづき、つぎのように説かれる。

「在家は世俗に留まって塵《ちり》にまみれ、出家は仏と彼の声聞たちによって〔構成され〕浄《きよ》い。在家は過失に執着することが多く、出家は功徳を具足することが多い。在家は不安であり、出家は安穏である。在家には執着の垢があり、出家は執着から離れている。在家は悪行の根元であり、出家は善行の根元である。在家は塵の中にあり、出家は塵の中にない。在家は欲望の泥に沈み込み、出家は欲望の泥から引き上げられている。在家は愚者に近づき、出家は賢者に近づく。在家は生活を浄めにくく、出家は生活を浄めやすい。在家は嫉妬《しっと》が多く、出家は嫉妬がない。在家は貧苦が多く、出家は貧苦がない。在家は憂いの住処であり、出家は喜びである。在家は悪趣への〔下降〕階段であり、出家は〔悪趣からの〕上昇階段である。在家は束縛であり、出家は解脱である。在家は恐れがあり、出家は恐れがない（後略）」（D. 63, Ṅa 271b2-7）

この調子で、延々と出家の賛美と在家の非難がつづく。それをふまえ、在家者が僧院に入るさいの心構えをブッダが説明すると、それを聞いた居士たちは出家を願いでて、ブッダに許可された。そこで、郁伽長者はブッダに出家者の実践について質問すると、ブッダは四聖種《ししょうしゅ》（衣・食・住・薬の四種に関する厳しい節制態度）、十の頭陀行《ずだぎょう》（煩悩を振り払う厳しい行）、阿蘭若住《あらんにゃじゅう》（人里離れた森に住むこと）、僧院内でのストイックな態度、清浄な三学を保つことなどを詳細に説明した。それを聞いた郁伽長者はブッダに「在家の菩薩であって家庭に住む人は、どれほどの徳性を具足すれば、出家者の道を学ぶことになるのでしょうか」と質問すると、ブッダは五つの徳性を具足すれば出家者の道を学ぶことになると言う。それを列挙すると、つぎのとおり（D. 63,Ṅa 285b2 ff.）。

（一）こだわりなくすべてのものを喜捨するが、すべてを知る心を具足しているので、〔その喜捨の〕異熟に〔楽なる果報を〕期待することがない

（二）梵行を実践して清浄であり、心に〔抱く〕様々な〔思いの中〕でさえ、性欲を起こさない。〔直接的な男女〕二つの性器の接触は言うまでもない

（三）完全に過失のない状態には触れないが、空屋に入り、方便〔力〕で奮起し、四つの禅定に入る

（四）一切の有情によく尽くすように努め、般若波羅蜜が確実に生じるように精進する

（五）〔自ら〕最高の法を保持し、他の者たちにも正しい法を実践させる

これを聞いた郁伽長者はブッダに、「世尊よ、私は如来たちの言葉のとおりに実践いたします。出家者の学びを学びます。そしてそのような法の平等性に悟入いたします」と告げると、ブッダは微笑を示し、「郁伽は常に居士（在家者）でありながら、出家者の学びの中にあって、如来の覚りを増大させるだろう」と予言する。このあと、アーナンダ、郁伽長者、そしてブッダとの間に、つぎのようなやり取りがある。

アーナンダ：「居士よ、どのような因、どのような縁によって、〔あなたは〕家にいて塵垢《じんく》の

中にありながら、〔心に〕喜びを生じるのですか」

郁伽長者：「大徳アーナンダよ、塵垢はいかなる塵垢でもありません。大いなる慈悲を具足するので、私は楽を望むことがないのです。大徳アーナンダよ、菩薩はあらゆる苦に苛《さいな》まれても〔それに〕耐え、一切の有情を見捨てません」

ブッダ：「アーナンダよ、この郁伽長者は家という場に留まり、この賢劫において、実に多くの有情を成熟させるだろう。出家菩薩は、千劫あるいは百千劫をかけてもそうはできない。それはなぜか。アーナンダよ、この長者にあるような徳は、千人の出家菩薩にもないからだ」（D. 63, Ṅa 286b2–6）

このアーナンダと郁伽長者のやりとりは、維摩経における維摩居士とシャーリプトラのそれを彷彿とさせるが、ここまでの流れを整理すると、この経典の主意がわかりづらいことに気づく。つまり出家と在家という対立軸でこの経典を見ると、在家の菩薩に対する出家の菩薩の優位を語りながら、在家の菩薩の一人である郁伽長者については、千人の出家の菩薩も敵わないとブッダが称讃しているからだ。これにともない、この経典に関する研究者の見解もかなり開きが見られる。

本経の研究と英訳を発表したナティエは、その書名 A Few Good Men（少数精鋭）が如実に現しているように、「本経は出家の菩薩の生き方を称讃し、それはブッダのような修行のエリートのみが完遂できる実践道であり、一般大衆のよく耐えるところではない点を強調している」と理解するが、その書名のタイトルにあるように、出家菩薩が「少数（a few）」なのかどうかは、本経を読んだだけでは即座に判断できない。これに対し、桜部［1980: 349-350］はつぎのように述べ、在家菩薩優位の立場をとる。

「家庭生活の患い《わずら》を語り、出家生活を極力讃美する教説を聞いて、万余の居士たちが出家したと説くこの経典は、極端なまでに「出家性」を重視しているようにみえる。しかし、ウグラ居士自身は、その教説を聞きながら出家しようとはしない。彼の採った行き方は、在家の菩薩でありながら、出家の道の学びを学ぶというものである。彼が在家生活の「塵垢」のなかにありながら、その心に喜びを生ずるのは、「大いなる慈悲」をそなえもっているからであり、彼はあらゆる苦に耐えて、「衆生を捨てることがない」。本教がそこに示しているのは、大悲のゆえにあえて生死を離れないという大乗菩薩の姿である」

双方の見解はともにそれなりの説得力を持つ。確かに全体のトーンとしては出家菩薩優位の立場が見て取れる。ブッダが郁伽長者を称讃して本経は終わっているが、それは郁伽長者だけをブッダが称讃したのであり、在家の菩薩一般を称讃したわけではない。とすれば、この経は表面では出家菩薩と在家菩薩の二分法で論を進めながらも、その主眼は在家の菩薩一般を称揚するのではなく、在家の菩薩である郁伽長者個人を称讃する目的で書かれた経典であるとも理解できる。いや、さらに正確に言うなら、アーナンダとのやり取りにあるように、「家庭の中にあり、あらゆる苦によって悩まされてもそれに耐え、諸々の有情を捨てることがない慈悲を持つこと」が強調されているというべきか。つまり、経典の表層は「出家／在家」の対立軸で構成されながら、その深層では、出家であろうと在家であろうと「有情を捨てることがない慈悲を具足すること」が称揚されているとも理解できるのである。それを強調するには、出家の菩薩より、在家の菩薩にその任を担わせる方が効果的であり、レトリックとして在家菩薩を代表する郁伽長者が大乗精神を象徴しているのである。

文学作品と同様に、経典は多様な読みや解釈を許容するものであり、そもそも単一の主旨など存在しないとすれば、そのような解釈も許されるのではないか。この経典の解釈についてはさらなる考察が必要だが、いずれにせよ、ここでは本経が菩薩追体験型の大乗経典であることが確認できれば、充分であろう。

宝積経・迦葉品

宝積経《ほうしゃくきょう》・迦葉品《かしようほん》は漢訳では膨大な経典の集成『大宝積経』の第四十三「普明菩薩会」に相当するが、インド本土ではこの「迦葉品」のみを指して「宝積（Ratnakūṭa）経」と呼ばれていたことを松田・浅野［1997: 152-153］は明らかにしている。さて、本経は郁伽長者所問経とは違い、在家の菩薩と出家の菩薩を対立させるのではなく、最初から「出家の菩薩」を前提にして経典は進行するが、長尾［1980: 336］はこれをつぎのように要約する。

「『維摩経』では、出家者ではない在俗の維摩居士が大活躍をし、彼が在家のあり方を代表するのであるが、この経の関心はそれとは異なってむしろ出家者にあり、専門の修行者である比丘たちに、菩薩がいかなるものであるかを教えようとするものである。すなわち、出家者はすべて菩薩たるべきものでなければならない。それゆえこの経では、さとりを求める衆生である菩薩という概念と、修行者という概念とは、最初から同一視されている」

その出家菩薩の具体的なあり方が経の冒頭から詳細に説かれることになる。まず最初に、「菩薩が知慧を失ってしまう四法」がつぎのように説かれる。

（一）法と説法師に対して、尊敬の念がないこと
（二）法について〔吝嗇《りんしょく》〕であり、法を出し惜しみすること
（三）法を欲する人々に対して法の妨害をなし、意欲をそぎ、困惑させ、そして〔法を〕説示しないで隠蔽すること
（四）高慢で優越感があり、他人を軽蔑すること（KP 2.4–8）

これにつづき、これと対をなす「菩薩が優れた智慧を体得する四法」が「(一)法と説法師に対して、尊敬の念があること」をはじめとして四つ列挙され(KP 4.3–6.2)、このあと同じパターンで、菩薩の間違った行と正しい行とが四法ずつ八項目にわたって詳説されるのである(第一章〜第二章)。

また菩薩が実践する正行《しょうぎょう》、すなわち「一切の有情を利益《りやく》し、安楽ならしめようという深い志向のあること」をはじめとする行が三十二相にわたって説明され(第三章)、つづいて菩薩の徳を称讃する二十三の譬喩が説かれる(第四章)。第五章では中道の大乗仏教的解釈および菩薩による中道の実践法、第六章では声聞と比較して菩薩の優位性を説明する。第七章では菩薩による利他行の実践、第八章では出家者の心得(留意点)のようなもの、たとえば「世間的な呪術を模索」したり「衣や鉢を余分に保持」することなど、戒心すべき諸項目が列挙される。第九章では悪しき沙門と正しき沙門、第十章ではニセの持戒者と新の持戒者との違いが対比して説かれる。

第十一章に入ると従来の記述と内容が異なり、物語性を帯びてくる。ここでは第十章までの説法を聞いた比丘たちのうち、五百人がその場から退席してしまう。法華経の方便品に見られる五千人の比丘の退席を想起させるが、最後はブッダが神通力を行使して、彼らを引き戻す点が法華経と異なる。経の最後は普明《ふみょう》菩薩が突然登場し、彼がブッダの対告者となるが、これは唐突な感じは否めず、後代の附加の可能性もあるが、これについては深入りしない。

「迦葉品」でも二分法が採られているが、それは郁伽長者所問経のように「出家／在家」ではなく、「偽の菩薩／真の菩薩」であることがわかる。この他にも、郁伽長者所問経との違いは、経名ともなっている「迦葉」が単なるブッダに対する質問者、あるいはブッダの対告者であり、迦葉の所行がブッダによって称讃されるということはない点が挙げられる。これも菩薩追体験型の大乗経典として位置づけることができよう。

護国尊者所問経

つぎに護《ご》国《こく》尊《そん》者《じゃ》所《しょ》問《もん》経《ぎょう》をとりあげる。経名の示すとおり、本経は護国（ラーシュトラパーラ）尊者が質問者であり、彼がブッダの対告者となって話が進む。「迦葉品」と同様に、護国尊者は単なる質問者・対告者であり、郁伽長者のように、彼自身の所行が最後で称讃されるわけではない。ではその内容を概観してみよう。ここでも基本は出家の菩薩がテーマになっている。第一節で、護国尊者がブッダに菩薩の実践すべき行について質問すると、第二節でブッダは菩薩が保つべき四法を十二項目にわたって説明する（したがって、全部で菩薩の実践すべき法は四十八法）。たとえば最初の四法は清浄さに至るための四法であるが、それはつぎのとおり（RP 10.7-8）。

（一）〔覚りへの〕志願・決意を獲得していること
（二）一切の有情に対して平等の心を持っていること

（三）空なるあり方を修習していること

（四）言行が一致していること

このあと、心に慰安を得る四法、輪廻に留まりながらも心に喜びを持つ四法などが説かれる。一転して、第三節ではブッダが自分のジャータカを一偈にまとめ、全部で五十ほどの本生話を簡略に説く。第四節でふたたびトーンが変わり、大乗小乗の二分法で話が展開するが、これについては、桜部［1980: 344］の解説を紹介する。

「経典は第四節で、出家僧団の人々、すなわち小乗の徒が大乗を受け入れず、菩薩の行を実践せず、堕落してさまざまな悪行をことしていることを、筆を極めて描写する。（そこには確かに、この経が成立した当時の僧団の一部の実情の反映がある。）そして、将来、仏法の衰退するであろう時期のくることを予告し、法を滅ぼす者とならぬよう、修道に励むべきことを勧説する。そのような末の世においては、大乗に志す沙門たちもさまざまな過失に陥り、堕落にいたるであろう。それを戒めて、経の叙述ははなはだ痛切である」

そして最後に第五節としてふたたびブッダのジャータカが配置されるが、このジャータカは、簡略な五十のジャータカを詩頌形式でまとめた第三節とは違って、経全体の約半分の紙面を割き、単一の物語を韻文散文織り交ぜて説く長大な形式をとる。その内容は福焔王子《ふくえん》（ブッダの前生）が厭世心を起こし、父王（阿弥陀仏の前生）から提供される世俗的な歓楽の誘惑にも動じず、成《じょう》義《ぎ》意《い》如来のもとで出家するというものである。桜部の指摘どおり、これは初期経典で説かれる護国尊者の出家譚と重なる。裕福な家に生まれた彼はブッダのもとで出家を望んだため、両親はそれを翻意させようと様々な歓楽を以て誘惑するも、初心を貫徹したという話である。よって、福焔王子のジャータカは護国尊者を意識して取り込まれた可能性が大きい。全体の構成はつぎのとおり。

第一節―第二節：現在物語（菩薩の実践すべき行）
第三節：過去物語（五十のジャータカ）
第四節：現在物語（小乗の徒の所行と大乗の徒への誡め）
第五節：過去物語（福焔王子のジャータカ）

桜部が指摘するように、各節は強い必然性を以て結びついているわけではなく、テクストの編纂には複雑な事情が存在していそうだが、本経を一つのまとまった作品としてとらえ、仏伝という視座からこれを見た場合、固有名詞の菩薩（本生の菩薩）と普通名詞の菩薩（出家の菩薩）とが併記されている本経の構造は、「出家の菩薩は本生の菩薩を手本（模範）に追体験すべきこと」

を暗示しているように解釈できるのである。

十地経

十地経《じゅうじきょう》は、ブッダではなく金剛蔵《こんごうぞう》比丘が説法者となり、究極の覚りに到達するまでの修道の過程を十段階に分けて説明するという体裁をとる。十地経でも説かれる十地思想は、『大事《だいじ》』や大品系般若経や華厳経などにも見られ、その内容や各地の呼称は必ずしも同じではないが、ともかく菩薩の修行階梯を十段階に分けて説明するのが十地説である。各資料に見られる十地説の前後関係自体を究明することは本書の目的ではないので、これについては水野［1953］に基づきながら、簡略に紹介しよう。水野は以下の四段階で十地説の展開をまとめている。

（一）まず諸部派の仏伝において、菩薩の修行階位として十地の説が起こった。その最初は釈迦菩薩のみの十地であったのが、仏や菩薩の一般化にともない、『大事』では菩薩一般の修行階位として十地が説かれた。十地の名目については、部派によって違いがあった。

（二）これらの十地の名目は、やがて大乗仏教が興起するにおよび、初期大乗経典の中にも採用され、広く大乗で用いられるようになった。

（三）般若諸経にもこの初期大乗時代の十地説が依用され、その説が詳細に整理組織されていった。

（四）華厳経に取り込まれる段階になると、従来の十地説は低級のつまらないものとされ、新たに華厳独特の十地説が案出された。

発展の経緯はともかく、菩薩の十地説も仏伝における釈迦菩薩をモデルにしたものであることがわかる。現存する資料ではその際初期の段階に位置づけられる『大事』の十地説を荒牧［1983］に基づきながら、以下、簡単に紹介しよう。

「「本生十地」思想は、もとよりただたんなる讃菩薩讃仏伝文学の集成であるのではなく、初地からから二地へ、二地から三地へ……と漸次に向上してゆく構造によって、誓願を表白し発菩提心する（初地）、多種の求道心をもつ（二地）、神妙を捨てて問法《もんぽう》する（三地。なお四地についてはテクストの混乱があって八地の叙述が入っていると思われるので、ここに列挙しない）、諸仏に礼拝供養する（五地）、仏国土（に生まれる？）（六地）、一切衆生に安らぎを与え本生菩薩としての徳を完成する（七地）、かくしていよいよ不退転菩薩になり（八地・九地）、釈迦仏として降誕し仏徳を円満にする（十地）ことを順次に上へ上へと讃菩薩し讃仏している、しかもおそらくかく讃菩薩讃仏しつづけていって全体としてまとまった宗教体験をもたらすように構想されている」

これは『大事』に関しての要約であり、他の十地説もこれとまったく同じではないが、基本的には、段階を踏んで菩薩の修行が深まり、最終的に仏果をえる過程を説いたものという点で共通し、様々な十地説の中でも華厳の十地、すなわち十地経所説の十地説を以てクライマックスを迎える。その意味で、ここで紹介してきた菩薩追体験型の大乗経典の中でも、十地経は「誓願・発菩提心」から始まり、仏果に至るまでのプロセスをもっとも体系的にまとめあげた経典と言えよう。

ここでは菩薩追体験型の大乗経典について紹介したが、一口に「菩薩」と言っても、在家の菩薩から出家の菩薩、また出家の菩薩も出家したての菩薩もいれば、修行が進み、仏果を得る直前の菩薩もいる。「仏」に関しては、様々なバリエーションがあるものの、一応の完成をみた存在であるから、そこに「好き嫌い」はあっても「優劣」は存在しない。これに比すれば、「菩薩」は非常に幅広い修行の領域をカバーするため、仏以上の多様な解釈が可能になる。この菩薩理解の多様性について、下田［2004］によりながら、さらに考察してみたい。これはナティエのA Few Good Menの書評だが、その中で日本の大乗研究および菩薩研究の歴史や問題点をまとめている。

菩薩の起源はまだ完全に解明されていないが、燃灯仏授記を起源とする平川の説には一定の説得力がある。燃灯仏に授記されたブッダの前生スメーダは、仏教の教祖であるがゆえに、他の追随を許さない〈崇高な菩薩〉である一方、平川が想定した大乗の起源となる在家の菩薩は〈誰でもの菩薩〉であり、両者の間には大きな乖離《かいり》が存在し、大乗の起源にとりくむ研究者は、この両者の乖離を橋渡しすべく腐心してきた。たとえば静谷［1974］は、大乗の誕生を「偉大な菩薩」から「誰でもの菩薩」への移行という過程に見出そうとしたが、それは文献によって橋渡しされたのではなく、静谷自身が吐露しているように思弁的の域を出るものではない。研究は崇高な菩薩と大乗の菩薩という異質の菩薩を誕生させてしまったが、仏伝にせよ大乗経典にせよ、そこに現れるのはたんに〈菩薩〉であって、文献自体がそれらの種別化をしているわけではないと下田は指摘する。この菩薩を種別化するという発想の根底には、大乗経典に出現する菩薩が他文献に説かれる菩薩とまったく異なる存在でなくてはならないという暗黙の理解が存在すると言う。

　本書の主旨とも重なるが、下田は「仏教徒にとってブッダの生涯は客観的な歴史記録という次元に閉ざされたものではなく、なによりも仏教徒の目指すべき理想を、生涯のかたちで描いたものでなければならない」と指摘し、燃灯仏授記に始まる「偉大な菩薩」は崇拝の対象になり得たと同時に、自らを反映させるべき鏡ともなりえたと言う。したがって、郁伽長者所問経に説かれる菩薩は、「出家教団の中にあって格別に厳しい道を独立した精神をもちつづけて歩くきわめて志の高い仏教徒であり、シャーキャムニを模範としながら永劫の未来にブッダとなることを確信するものたち」であり、そう理解すれば、このような菩薩は、ブッダそのものではないのだから「誰でもの菩薩」であり、また同時にその内実は「偉大な菩薩」でもあるので、両者の間に本質的差異を認める必要はないと言う。

ただ、歴史的にみて、初期の段階に成立した仏典（主に初期経典）の「菩薩」は明らかに仏教の開祖ブッダの前生だけを意味するのに対し、大乗経典では、在家の菩薩から出家の菩薩、また観音菩薩に代表されるように、仏と同格の菩薩も登場するので、両者を単純に同一視することもできない。また、「偉大な菩薩」と「誰でもの菩薩」が重なる例としてあげられる大乗経典は郁伽長者所問経だけであり、「偉大な菩薩」ではない「誰でもの菩薩」が登場する他の大乗経典は考察の射程に入っていない。よって、ここでは少し違った角度からこの問題を整理してみよう。

大乗仏教の根底には、最終目標が阿羅漢ではなく仏、すなわち成仏にあることはすでに確認した。また「ブッダ」という呼称も、本来は普通名詞だったのがブッダの神格化や教団の組織化にともなって固有名詞化され、Buddhaと言えばシャーキャムニを意味する固有名詞となったが、大乗仏教はそれをふたたび普通名詞化し、誰でも仏になれる「成仏」への道を開いた。そして成仏のためには、ブッダの前例にならい、その前段階で菩薩になる必要がある。こうして、固有名詞の菩薩の普通名詞化が起こり、ある人々の中で、本生の菩薩を模範（モデル）とする動きが出てきた。

模範とすべきジャータカの本生菩薩は、あるときは出家者、あるときは在家者、またあるときは動物など、話によって役回りが大きく異なる。したがって、大乗経典の作者がその菩薩のうち、どのタイプの菩薩を理想とするかで、大乗経典に説かれる菩薩のありようにバラツキが見られるのは当然である。大乗経典に見られる菩薩のバリエーションは、そのモデルとなったジャータカの本生菩薩のバリエーションを反映しているのではないだろうか。またこの世に誕生したブッダも、成道するまでは「菩薩」と呼ばれるが、生まれてから出家するまでの二十九年間は在家の菩薩であり、出家してから成道までの六年間は出家の菩薩であるから、同じ今生の菩薩でもその理解には幅がでる。ともかく、出家と在家を包含する呼称として、「菩薩」はまさに自分たちの理想を言いあてた見事な命名だったと考えられる。これはつぎのように図式化できよう。

仏（普通名詞）→仏（固有名詞化）
＝釈迦仏

- （模範：再普通名詞化）→誰でもの仏
- ←（信仰：再固有名詞化）→阿弥陀仏 etc.

⇩

菩薩（固有名詞）
＝釈迦菩薩
（本生菩薩）

- （模範：普通名詞化）
  - ①少数精鋭菩薩（郁伽長者所問経所説）
  - ②出家菩薩
  - ③在家菩薩（＝誰でもの菩薩）
- ←（信仰：再固有名詞化）→観音菩薩 etc.

※　普通名詞化するさいの「菩薩の理解」にグラデーション（①〜③）がある。

本書で取りあげるのは膨大な大乗経典のほんの一部であるが、しかし大乗経典は多かれ少なかれ菩薩として成仏を目指すのであるから、この意味ですべての大乗経典はこの「本生菩薩の追体験」型に分類できるとも言えよう。

四　降魔成道

1　降魔から成道への過程

仏教ダイナミズムの核

仏伝の核は降魔成道から初転法輪にあり、自利が利他として、あるいは智慧が慈悲として展開するところに仏教のダイナミズムがある。大乗仏教では利他（慈悲）の側面が強調されるが、その源が智慧にあることは言うまでもない。一口に降魔成道と言っても、大乗経典を整理すると、（一）降魔から成道への過程を意識したもの、（二）成道に至る方法・手段に主眼を置くもの、さらには、（三）成道時のブッダの心風景に焦点を絞ったものがあるので、以下、この三つの分類にしたがって大乗経典を整理する。

降魔から成道への過程を意識した大乗経典は般若経である。成立に関しては他の大乗経典より古く、菩薩・空・六波羅蜜など、大乗仏教の主要な思想は般若経で醸成されたと考えられている。この経典は、その経名「般若（prajñā）＝智慧」からもわかるとおり、仏伝の降魔成道を基盤に創作された大乗経典と言える。マーラ（悪魔）の誘惑を斥け、真理に対する目覚めによって無明の闇を滅し、智慧を獲得したというブッダの体験に基づくので、そこには頻繁にマーラが登場する。不必要なほどのマーラの登場は、逆に言えば、仏伝の降魔成道をベースにしていなければ、説明がつかない。ではどのようにマーラが登場するのか、実際の用例で確認してみよう。

八千頌般若経

小品系般若経におけるマーラの説かれ方は、大きく分けて二つある。一つは、物語の中にマーラが登場し、何らかの妨害行為を行う場合、もう一つはブッダ等が「マーラの仕業《しわざ》とは〜」と、客観的にマーラについて言及する場合であるが、その分量は圧倒的に後者が多い。では前者のケースから紹介する。一つはブッダが帝釈天《たいしゃくてん》（シャクラ）や四衆《ししゅう》たちに説法していると、マーラがそれを邪魔しにやってくる第三章の場面である。

そのとき、邪悪なマーラはこう考えた。〈阿羅漢・正等覚者・如来の四衆は、如来の面前に集まり座っている。また欲界や色界に属する天子たちも〔如来の〕面前にいる。きっとここで菩薩大士たちは無上正等菩提に授記されるだろう。いざ私は〔彼らに〕近づき、幻惑させてやろう〉と。

そこで邪悪なマーラは四支より成る軍隊を化作《けさ》し、世尊のもとに近づいた。そのとき、神々の主シャクラはこう考えた。〈ああ、かの邪悪なマーラは四支より成る軍隊を化作し、世尊のもとに近づいてきた。（中略）これは邪悪なマーラが化作したものだ。邪悪なマーラは長時にわたって世尊につきまとい、世尊につけいる隙を求め、つけいる隙を探し、また有情たちを悩乱しようと企んでいる。いざ私はこの般若波羅蜜を念じて精神を集中し、暗誦し、宣布しよう〉と。

こうして神々の主シャクラはこの般若波羅蜜を念じて精神を集中し、暗誦し、宣布した。神々の主シャクラは般若波羅蜜を念じて精神を集中し、暗誦し、宣布するにしたがって、邪悪なマーラは同じ道を退散していった（AsP 39.11–25）。

ここでマーラを退散させたのはブッダではなくシャクラであり、さらに言えば、「般若波羅蜜に注意を集中し、それを読誦し、宣布すること」である。とすれば、ある意味で般若波羅蜜自体にマーラを退散させる力があることを認めていることになる。

つぎの用例は、ブッダが常悲菩薩の過去物語を説く第三十章から。常悲菩薩は過去世で、身体や命を顧みずに般若波羅蜜を求めていた。そのとき、空中から「東の方へ行け」という声を聞くと、常悲菩薩はそれにしたがい、ガンガデーヴィー市の法上《ほうじょう》菩薩の邸宅に行く。常悲菩薩は法上菩薩への尊敬の念から、自分の身体を売り、その代金で法上菩薩への敬意を表そうとした。市場に出向くと、「人間を欲しい人はいませんか、人間を買いたい人はいませんか」と声を張りあげると、邪悪なマーラは考えた。

〈もしこの常悲菩薩大士が教えを求めて自分を売り、法上菩薩大士に敬意を表して、〈般若波羅蜜において修行する菩薩大士は、いかにしてすみやかに無上正等菩提を成就するのでしょうか〉と、般若波羅蜜と善巧方便について質問するならば、彼は海のような知識を獲得し、マーラやマーラに属する神々も攻撃できなくなり、あらゆる徳の完成に到達し、そこで多くの有情たちに利益をもたらし、無上正等菩提を覚れば、彼らも他の〔有情たち〕も私の領域から立ち退かせるだろう。いざ私は彼の妨害をしてやろう〉と（AsP 244.31-245.5）。

こう考えた邪悪なマーラは市場の人々を隠蔽し、彼らに常悲菩薩の声が聞こえないようにすると、常悲菩薩は自分の買い主が見出せず、涙を流して嘆き悲しんだ。そこにシャクラが現れ、教えのために自分の身体を捨てる覚悟が本当にあるかどうかを試そうと若者に変装すると、「先祖のために神々に犠牲を捧げたいので、あなたの心臓・血液・骨・髄をほしい」と告げた。すると、常悲菩薩は鋭利な刀を手に執り、自分の体を切り刻みはじめた。そんな常悲菩薩の姿を見て、邪悪なマーラはきまりが悪くなり、そこに消え失せたと経典は記す。このあと、常悲菩薩はいよいよ法上菩薩の説法の座に着くと、常悲菩薩はその座に水を撒《ま》こうと水を求めたが、まったく水は得られなかった。

なぜなら、邪悪なマーラが〈この常悲菩薩大士は水が得られないので、心悩まし、苦悩し、また心変わりして、その結果、この善根が消滅するか、もしくは供養が無価値になるように〉と考えて、水を隠したからである（AṣP 257.25-28）。

水を得られなかった常悲菩薩は自分の体に刃物をたて、水の代わりに自らの血をその場にまんべんなく撒く。凄まじい真理への渇望が、さらりと描かれているのが印象的だ。

ではつぎに、客観的にマーラについて言及する用例を検討する。八千頌般若経には、第十一章と第二十一章に「マーラの仕業（Mārakarma-parivarta）」という同名の章が二つ存在する。どちらにも様々なマーラの仕業が列挙されているが、内容は異なる。「菩薩大士が般若波羅蜜を説いているとき、彼らに能弁の閃《ひらめ》きが生じるのに長い時間がかかるだろう。これはマーラの仕業である」というパターンで、様々なマーラの仕業が列挙されるが、これらを合計すると、第十一章だけで五十近い「魔の仕業」が説かれ（AṣP 115 ff.）、執拗なまでの列挙の仕方に目が奪われる。

また第二十一章では、第十一章のように単発的に数多くのマーラの仕業を列挙せず、数こそ少ないが、一つ一つの内容に多くの説明を割いているのが特徴だ。一例を示そう。最初のマーラの仕業は、その前章の第二十章の最後をうけての内容となっているが、そこでのテーマは授記と真実語である。何か（たとえば悪霊）に取り憑かれている人を見ると、菩薩は「私は過去の仏たちによって、無上正等菩提を覚ると授記されている。この真実によって悪霊は退散するように！」と真実語をなし、その真実の力でその悪霊を退散させようとするが、悪霊が実際に退散しなければ、その菩薩は過去の仏に授記されていないし、退散すれば授記されていると、ブッダはスブーティに説明し、それをうけた第二十一章の冒頭で、ブッダはスブーティにさらに告げる。

「菩薩がそのような真実語で悪霊を退散させようとするとき、邪悪なマーラは菩薩以上に努力してその悪霊を退散させようとし、実際にマーラの威力で悪霊は退散するが、新発意《しんぼっち》の菩薩は〈私の威神力によって悪霊が退散した〉と思い込み、実際は邪悪なマーラの威力によって退散したことを知らないため、慢心を起こしてしまう。そうなると、無上正等菩提から遠ざかり、声聞か独覚の地位に堕してしまう。これがマーラの仕業である（取意）」（AṣP 191.4–24）

このように、邪悪なマーラは新発意の菩薩をだまし、慢心を生じさせて、菩薩を覚りから遠ざけようとするのである。このあと同様に、三項目にわたってマーラの仕業が説明されるのであるが、すでに指摘したように、第二十一章におけるマーラの仕業の説明は、一つ一つが詳細である。ではつぎに、八千頌般若経の各章で断片的に言及されるマーラの用例を、第一章から順次、紹介していこう。

第一章：ここでは菩薩大士の善友とはどのような人かというスブーティの問いに、ブッダは「彼（菩薩）を〔六〕波羅蜜について教え諭す人々や、「マーラの過失はこうであると知れ。これらはマーラの過失だ。魔の仕業はこうであると知れ。これらはマーラの仕業だ。お前はそれらを自覚して避けよ」と、彼にマーラの仕業を説明してくれる人々」と説明する（AṣP 9.16–20）。

第七章：スブーティの「善男子・善女人が般若波羅蜜を拒否すべきものと考えるには、どのような原因があるのでしょうか」という質問に、ブッダは四つの原因があるとし、その最初の原因が「マーラに憑かれている」（AṣP 92.18）ことを挙げている。

第八章：スブーティがブッダに「世尊よ、般若波羅蜜は信解《しんげ》しがたいものです。世尊よ、怠慢で、善根も植えず、悪友の手中にあり、マーラに操られ、怠惰で、努力に乏しく、忘れっぽく、智慧の劣った者にとって、般若波羅蜜はきわめて信解しがたいものです」（AṣP 93.18–20）と言うと、ブッダはこれをうけ、同じ文言を繰り返し述べる。

第十章：般若波羅蜜を読誦したり書写したりする善男子や善女人には多くの障害が起こるが、

それは「邪悪なマーラが妨害しようという意欲を持つからだ」（AṣP 110.3）とブッダはスブーティに説明し、さらに、「たとえ邪悪なマーラが〔それらを〕妨害しようと努力しても、（中略）〔般若波羅蜜の読誦や書写などの〕決心が断ち切られることのない菩薩大士を妨害することはできない」（AṣP 110.11–15）と説く。

同じく第十章には、興味深い記述が見られる。仏滅後、正法が消滅するとき、説法者が経と律を醍醐《だいご》のようにうけ取るなら、六波羅蜜を説く経典は南方に流布し、さらに南方から東方、そして東方から最後には北方に流布するとブッダは説く。そしてその北方でも、数少ない真実の菩薩、すなわち久しく大乗に進み入った菩薩だけが般若波羅蜜を読誦し書写しても、怯《おび》えず畏《おそ》れず、「マーラでさえ彼らを挫《くじ》けさせられない」（AṣP 113.5）とブッダは言う。

第十二章：息子と母（息子の生みの親）との関係が如来と般若波羅蜜（如来の生みの親）との関係に置き換えて説明される。息子たちは病気の母を癒すために、〈どうすれば母の障害がなくなり、どうすれば母は長生きし、どうすれば快適にすごせるか〉等と考えて努力するように、母である般若波羅蜜を、如来たちは〈どうすれば、この般若波羅蜜が語られ、書写され、学ばれているときに、邪悪なマーラとマーラに属する神々が妨害しないか〉（AṣP 125.23–24）と考えて般若波羅蜜に思いを注ぐと言う。

第十七章：マーラに負けない不退転の菩薩の姿が描かれているが、その一例を紹介する。マーラは八大地獄および、各地獄に陥っている菩薩をそれぞれ化作し、不退転の菩薩に向かって菩提心を捨てさせるように誘惑するが（AṣP 163.18–21）、その誘惑に心が揺れない菩薩は、無上正等菩提から退転することはないとブッダは説く。このあと、同じパターンで違った内容のマーラの誘惑に関する記述が三つほどつづくが、紙幅の都合でそれは省略する。またこの少しあとで、不退転の菩薩は「マーラの仕業が次々に起こっても、すみやかにそれに気づき、次々に起こってくるマーラの仕業に決して屈することはない」（AṣP 167.30–31）とブッダは説明する。このあと、マーラがブッダに変装して「無上正等菩提ではなく、阿羅漢の覚りを作証せよ」と誘惑しても、不退転の菩薩はそれをマーラの仕業と見破ることが、ブッダによって説かれている。

第二十四章：ここでは、全般にわたってブッダがマーラにつけいる隙を与える菩薩を列挙する（詳細は省略）。

第二十五章：如来の真相は滅しないと学ぶ菩薩を「マーラやマーラの眷族《けんぞく》やマーラに属する神々は圧倒することができない」（AṣP 210.22–24）とブッダが説明する。

第二十六章：神々の主シャクラはブッダに、「〔菩薩大士の〕発心の福徳が、これほどまでに量りしれないものであることを聞かず知らず見ず、その随喜《ずいき》に心を集中しない有情たちは、マーラの味方です」（AṣP 216.8–10）と説く。

第二十七章：三千大千世界の有情がすべてマーラであったとしても、仏に見守られ、般若波羅蜜への道を追求する菩薩大士には、いかなる妨害もできないことをブッダは説き、マーラを寄せつけない菩薩の二種の徳性が二回にわたり（それぞれ内容は別）説明される（AṣP 221.21 ff.）。

第二十八章：ブッダがスブーティに「菩薩大士が般若波羅蜜〔を実践し〕て時を過ごしているとき、三千大千世界にいる邪悪なマーラは皆、極度の憂いの矢で射ぬかれ、それぞれの座で安んじてはいられない」（AṣP 233.7-9）と説かれる。

第三十章：場面はふたたび常啼菩薩を扱う第三十章。常啼菩薩が般若波羅蜜を求めて森を彷徨《さまよ》っていると、空中から声が聞こえ、マーラに関する様々な助言をうける。

このように、第一章、第三章、第七章、第八章、第十―十二章、第十七章、第二十一章、第二十四―二十八章、第三十章、そして第三十一章と、十六章にわたって大なり小なりマーラが登場しているが、梵本の全体が三十一章であることを考えると、半分以上の章でマーラが取りあげられており、その数がいかに多いかがわかるだろう。

つぎに、八千頌般若経に見られる仏伝的要素として、燃灯仏授記を指摘しておく。般若経の特徴は、その名のとおり、般若波羅蜜に代表される六波羅蜜、空思想、そして菩薩思想がその中核をなすが、最後の菩薩については、その修行の起点となる燃灯仏授記がきわめて重要であり、八千頌般若経では二箇所にわたって言及されているので、その内容を確かめてみよう。最初の用例は第二章の最後に見られる。ここでは、ブッダがつぎのように自分の過去世を説く。

「私はかつて、阿羅漢・正等覚者・如来ディーパンカラのもとにあって、ディーパヴァティーという都城の商店街の中にありながら、般若波羅蜜を捨てないでいた。そのとき私は、阿羅漢・正等覚者・如来ディーパンカラに、無上正等菩提に授記された。「若者よ、お前は無数劫をへた未来世に、シャーキャムニと呼ばれる如来・阿羅漢・正等覚者・明行足・善逝・世間解・無上士・調御丈夫・天人師・仏・世尊になるだろう」と」（AsP 24.20-25）

ここでは従来の燃灯仏授記の話に「般若波羅蜜」を持ち込んでいる点が、般若経的改変と言える新たな展開である。つぎの用例は第十九章であり、その後半でガンガデーヴィー女の授記を扱うが、そこに燃灯仏授記が見られる。ブッダが説法する会座に加わっていたガンガデーヴィー女の説法に対する決意を知ると、ブッダは微笑を示現し、彼女に成仏の授記を与えた。同志アーナンダは、彼女がどの如来のもとで無上正等菩提に向けて最初に発心したのかを尋ねると、ブッダは答える。

「アーナンダよ、このガンガデーヴィー女は、如来・阿羅漢・正等覚者ディーパンカラのもとで、最初に発心するという善根を植え、〔それを〕無上正等菩提に廻向した。そして無上正等菩提〔の授記〕を求める彼女は、その如来・阿羅漢・正等覚者ディーパンカラに黄金の花を撒き散らした。私が五茎の蓮華を如来・阿羅漢・正等覚者ディーパンカラに撒き散らし、私が無生法忍《むしょうほうにん》を得ると、私は如来・阿羅漢・正等覚者ディーパンカラから、無上正等菩提に授記された。「若者よ、お前は無数劫をへた未来世に、シャーキャムニと呼ばれる如来・阿羅漢・正等覚者・明行足・善逝・世間解・無上士・調御丈夫・天人師・仏・世尊になるだろう」と。そのとき、この女は私が授記されたのを聞いて、〈ああ、ちょうどこの若者が無上正等菩提に授記されたように、私も無上正等菩提に授記されますように〉と発心した。アーナンダよ、このようにその女は、如来・阿羅漢・正等覚者ディーパンカラのもとで、無上正等菩提を求めて、最初に発心するという善根を植えたのである」(AṣP 181.31-182.11)

ここでは先ほどの「般若波羅蜜」に代わって「無生法忍」の加上が、旧来の仏伝を再解釈し、般若経的に改変を加えた点である。なお、金剛般若経にもディーパンカラ仏の用例があるが、そこではブッダが過去を回想してつぎのように述べる。

「無量・無数劫の昔、如来・正等覚者ディーパンカラ、またそれよりも以前の遥か昔にも、八十四の百千コーティ・ナユタ倍もの仏がいたが、私は彼らを喜ばせ(後略)」(Vaj. 85.28-32)

ここでは、ディーパンカラ仏よりも過去に多くの仏がいたことを説くことにより、伝統的な燃灯仏授記の話をそのまま用いるのではなく、大乗的な文脈の中で再解釈し、相対化していることがわかる。なお、法滅と授記という観点から大乗仏教の成立を論じた研究として、渡辺［2011］がある。

ではつぎに、大品系般若経を見てみよう。紙幅の都合で内容の紹介は省くが、「魔」の用例数だけを挙げておく。『大正新脩大蔵経』のデジタル・データをコンピュータで検索した結果は、つぎのとおりである。

・竺法護《じくほうご》訳『光讃《こうさん》般若波羅蜜経』十巻二十七品（二八六年）：約二十例
・無叉羅《むしゃら》訳『放光《ほうこう》般若波羅蜜経』二十巻九十品（二九一年）：約二百二十例
・鳩摩羅什訳『大品般若波羅蜜経』二十七巻九十品（四〇四年）：約二百八十例

このうち竺法護訳は抄訳であるから用例数は少ないが、他の二訳の用例数を見れば、かなりの数に上り、小品大品を問わず、般若経全般（般若心経や金剛般若経といったコンパクトな般若経は除く）における「魔（マーラ）」の登場がいかに多いかがわかる。のちほど取りあげる無量寿経や法華経などにはマーラの用例が一例もないことに鑑みれば、その特異性は一目瞭然であろう。この状況は、「般若経が仏伝の降魔成道をベースにしている」という視点に立たなければ、理解しがたいものである。

さて最後に、このマーラの解釈について附言しておく。伝統的な仏伝がマーラを煩悩の象徴として表現したように、般若経のマーラも何かを象徴的に表現していると見ることも可能だ。それは般若経の流布を巡る社会的状況である。般若経の流布にあたって逆風（般若経の抵抗勢力）が吹いていたとすれば、それをマーラに象徴させて表現したとも解釈できよう。しかしそうだとしても、法華経の常不敬菩薩品のように、その抵抗勢力を「人」として直截的に表現することも可能であるから、それをマーラに仮託するのは「降魔―成道」を意識した般若経ならではの表現方法と言うことができる。

2　成道に至る手段・方法

三昧を重視する経典

成道に至る手段・方法に主眼を置く大乗経典として、三昧系の大乗経典がある。仏伝で言えば、ブッダが覚りを開くときに用いた禅定（三昧）体験を重視する大乗経典である。般若経類が「知慧（般若）」という降魔成道に重点を置くのに対し、三昧経類はその成道に至る手段・方法やその宗教体験を重視する。覚りに至る手段も様々であり、初期経典中でさえ「三十七菩提分」を説き、覚りに至る修行法をまとめているが、仏伝を中心に考えるなら、ブッダが覚りを得たのは禅定（三昧）を通してであるから、座法を用いた精神集中の行が大乗仏教でクローズアップされても不思議ではない。

首楞厳三昧経

大乗経典は様々な三昧に言及するが、首楞厳《しゅりょうごん》三昧の首楞厳とは śūraṅgama の音写で、「勇者の行進／勇者として行進する者」を意味する。丹治〔1980: 425〕はラモット（Lamotte〔1975: 1〕）を引用し、この三昧を、「この三昧によって、いかなる障害もなく何処でも勇者のように行進すること」「勇者たちによってそれらの障害が乗り越えられたこと」と解説するが、当然そこには大乗菩薩の理想的なあり方が反映されている。伝統的な「戒・定・慧の三学」の考え方からすれば、仏教で最終的に目指すべきは「智慧」の獲得であり、「持戒」や「禅定」はそのための手段に過ぎないので、三角形で言えば、「持戒」と「禅定」が底辺の両脇を固め、その頂点に智慧が位置する形となる。しかし本経の作者は、この関係を逆転させ、三昧（首楞厳三昧）こそがすべての活動の源泉力となり、それを六波羅蜜のさらに上位に位置する高次の徳に昇格させる。たとえば第一章で、ブッダはつぎのように説く。

「首楞厳三昧は無限性を示し、一切諸仏の境界や領域を示し、一切有情の生命を支え、〔輪廻の〕あらゆる趣で〔有情に〕利益をもたらす。首楞厳三昧は、単一の教説と見るべきではないし、単一の境界、単一の形相、単一の対象、単一の意味から成立していると見るべきではない。なぜなら、ドリダマティよ、一切の三昧も一切の等至《とうし》も、一切の解脱・神変・神通も、〔四〕無礙解《むげげ》の一切の智慧も、首楞厳三昧の中に収まり含まれると見るべきであるからだ」（D. 132, Da 264b6–265a2）

つづいて、首楞厳三昧と六波羅蜜との関係をブッダが説明する記述に注目する。

「この首楞厳三昧に住する菩薩には、教えられてもいないのに、いつでもどこでもこれら六波羅蜜が起こってくる。すべての足の上げ下ろしのたびに六波羅蜜が起こり、あらゆる息の出し入れのたびに六波羅蜜が起こり、発す心のすべてに六波羅蜜が起こる」（D. 132, Da 270b1–2）

丹治〔1980: 424〕は、「首楞厳三昧は禅定や般若を含む六つの完成行の最後に到達される、より高次の徳とされている。「三昧」をある意味で最高の徳目として称揚する経典は多く、本経はその随一である」と指摘する。この「首楞厳三昧万能主義」ともいうべき傾向は、仏伝をも包含する。堅意《けんに》菩薩はブッダにつぎのように尋ねた。

「最後生として兜率天の麗しい住居に留まることを現しもし、善根の力が生じているので、胎内に入り、誕生し、出家し、苦行を実践し、マーラを征服し、菩提座を示し、智慧の力が生じているので、正覚を成じ、〔梵天の〕勧請と転法輪をも示すこと、乃至、智の力が生じているので、仏の完全な涅槃に入るまで〔のすべて〕をも示し、三昧の力が生じているので、身体が滅することをも示し、誓願の力が生じているので、正法が滅することも示すような、このような三昧が何かあるでしょうか」(D. 132, Da 256a3-6)

これに対してブッダは、当然のことながら、それは首楞厳三昧であると返答する。また別の箇所では、堅意菩薩の質問をうけたゴーパカ天子が仏伝に言及する場面がある。ブッダがまだ菩薩として宮殿で暮らしているとき、梵天がやって来て、「大士よ、あなたはこのように〔すぐれた〕法についての知識を得ておられ、妨げられることのない智慧や説法への霊感をそなえておられながら、愛欲の享受や王位にもまた囚われているということは不都合なことです」と言うと、他の梵天たちは、「この善男子は、愛欲の享受や王位を求めて家庭で暮らしているのではありません。彼は有情を成熟させるために、家庭で暮らしているのです。彼は別の世界で〔は今〕も法輪を転じておられるのですが、この世界では菩薩の姿で現れてもいるのです」と答えた。そして、「どういう三昧におられるからこそ、〔釈迦〕菩薩は、このような奇蹟を現されるのですか」という問いには、「それは首楞厳三昧である」と返答している。

さらにもう一つ。第五章では、堅意菩薩の「世尊よ、如来はかつてまだ菩薩であったときに、この首楞厳三昧に入られたうえで、どのような輝かしい奇蹟をあらわされたのか、世尊が行われたその行いの一端でも話してください」という要請をうけ、ブッダは様々な話を説いて聞かせるが、その一つに今生での仏伝が披露される。

「ある閻浮提では兜率天から死没することが知られ、ある閻浮提では母の胎内に入ることが知られ（以下、母の体内に留まる↓誕生↓七歩歩む↓「天上天下唯我独尊」の獅子吼《ししく》↓後宮での暮らし↓出家↓苦行↓食物（乳粥）の供養↓クシャ草のうけ取り↓菩提座に近づく↓菩提座に坐る↓魔に打ち勝つ↓菩提を獲得する↓菩提を獲得して獅子座に坐る↓菩提を獲得したあと、禅定に入る↓帝釈天と梵天が説法を懇願する↓法輪を転ずる↓仏としての義務を果たす↓寿行《じゅぎょう》を放棄する↓涅槃に入る↓涅槃に入り終わる↓荼毘に付される↓荼毘に付され終わる↓全身舎利が残る↓遺骨が分散される）」（D. 132, Da 295a3-b2）

このように、仏伝における個々の出来事はすべて、ブッダが首楞厳三昧の中で示現したことであると再解釈されるのである。そして、この首楞厳三昧に基づくブッダの生き方は、ブッダ個人に留まるのではなく、菩薩一般の生き方にまで敷衍され、仏弟子カーシャパに対する説法の中でつぎのように説明される。

「カーシャパよ、首楞厳三昧の境地に注目せよ。このように、〔その境地にある菩薩は〕胎内に入り、誕生し、出家し、苦行を実践し、菩提座に近づき、マーラを征服し、正覚を成じ、法輪を転じ、完全な大涅槃に入り、遺骨が分配されることをも示しながら、菩薩の本性も放棄せず、完全な涅槃に入る〔ように見えて〕も、実際には完全に涅槃に入るのでもない」(D. 132, Da 307a2-4)

ここでもまた、首楞厳三昧をベースに、ブッダの生き方は菩薩の生き方の手本として模範となるべきことが説かれている。

最後に、本経が仏伝をふまえていることの傍証を一つ指摘する。最初に指摘したように、般若系経と同様に三昧系経典も「降魔〜成道」を意識した大乗経典なので、「マーラ（魔）」に言及する箇所が多々ある。一々の用例の紹介はひかえるが、ここではマーラを大々的に扱った場面のみを紹介しよう。主要な登場人物は、ブッダを除けば、魔界行不汚《まかいぎょうふお》（マーラの領域にあって、それに汚されない）菩薩と魔王マーラである。魔界行不汚菩薩がブッダに「この集会にマーラを連れてきて、彼を首楞厳三昧に導き入れましょう」と進言し、それをブッダが許可したため、マーラが集会に登場する。以下、物語の内容は丹治［1980: 428］を参考にしながら紹介する。

魔界行不汚菩薩は美しく整った身体の持ち主であったため、それを見た二百人の魔界の天女たちが恋慕《れんぼ》する。その恋慕を通して、ついに彼女たちにも救いがあるのだが、ただマーラだけは奸《かん》詐《さ》にたけ、偽って菩提心を発したかのごとくに見せかける。しかしブッダは、このマーラの似て非なる発菩提心さえもが、やがて無上正等菩提を得るための原因になると宣言する。目覚めさせられた天女たちもまた、自ら魔界を去らないであろうことをマーラに告げるとともに、魔界も仏界も異ならないものであること、その不二であることを明らかにする。それは同一の真如、同一の空性に他ならないからである。

ここには、大乗仏教の理想の一端が垣間見られる。大乗仏教の場合、俗界に留まっての利他行が重要になるが、しかし俗界に留まれば、様々な誘惑がつきまとうことになる。これがまさにマーラの誘惑であるが、それを乗り越えるのが首楞厳三昧であり、この三昧を獲得することで魔界と仏界とが一如《いちにょ》となる。マーラ自身が「この首楞厳三昧を拝聴した私の眷属たちは私の意のままになりませんし、彼らを私に追随させることも私の意のままになりません」と述べているのが何よりの証拠であろう。

三昧王経

三昧王経のインド原典Samādhirāja-sūtraの直訳は「三昧王経」だが、その漢訳は『月灯三昧経』である。本経の原形は二世紀頃までにできたと推定されるが、漢訳は六世紀である。首楞厳三昧経が「首楞厳（śūraṅgamana）三昧」という個別な三昧を説くことに主眼を置くように、本経も「一切法体性平等無戯論（sarvadharma-svabhāva-samatāvipañcita）三昧」、すなわち、「一切法の自性《じしょう》は平等であると説かれた」という三昧を強調する大乗経典である。日本では馴染みのない経典だが、インド本土では大乗の論書に引用されたり、またネパールでは九法（九つの主要な大乗経典）の一つに数えられることから、研究者の注目を集めてきた大乗経典であるという（田村［1980: 345-346］）。八千頌般若経や法華経と並ぶ長部の経典で、随処に過去物語（主にジャータカ）が挿入され、その構成には首尾一貫したところがないが、一切法体性平等無戯論三昧（以下、「一切法三昧」と省略）を主題とし、その称揚が目的であることは間違いない。

田村［1980: 348-349］は、「この経典の「物語」に登場する主要人物は、すべて国王か王子であり、そのすべてが王国を捨てて出家する。これが歴史上の釈尊の投射であることは（中略）明らかなのであるが、この出家を重視すること自体（中略）大乗菩薩の理想像を「維摩居士」に見る立場とは大きな違いがある。この「三昧の王」を聞き、王国を捨てて出家し、「純潔な生活」（梵行）を実践し、「頭陀行」に励んだのち、最高の三昧に達するというのがこの経典でくりかえされているパターンである。その過程で重要視される「純潔な生活」とか「頭陀行」とかは、心を最高の段階の三昧にもっていくためのいわば条件である」と明解に本経の輪郭を描く。

このように、本経は歴史上のブッダを投射した国王を登場させ、ジャータカをふんだんに駆使しながら物語を進行させており、ここだけ見ても本経が仏伝を意識していることがわかるが、ではジャータカを活用する意図はどこにあるのか、また初期経典のジャータカと本経のジャータカとはその機能にどのような違いがあるのか、この点に焦点を絞って考察する。まずは三昧王経に見られるジャータカを整理してみよう。

①第一章：ジュニャーナプラバーサ仏の時代、ヴィシェーシャチンティン王（ブッダ）は菩薩として修行に励み、仏から一切法三昧の教えをうけた。
②第二章：シャーレンドララージャ仏の時代、ビーシュマウッタラ王（ブッダ）は彼のもとで出家し、一切法三昧の獲得に専心した。
③第十六章：シンハダバジャ仏の時代、ブラフマダッタ（ディーパンカラ仏）という説法師がおり、マティ王子（ブッダ）の先生であった。王子は不治の病気に罹《かか》ってしまったが、ブラフマダッタが一切法三昧の説法をすると、王子の病は癒えた。
④第十七章：ナレンドラゴーシャ仏の時代、シュリーバラ王（ブッダ）は仏から一切法三昧の説法を聞くと、王位を捨てて出家した。その後、王は死没し、ドリダバラ王の息子として生まれ変わった。その息子から一切法三昧の話を聞いた王はナレンドラゴーシャ仏のもとに出向くと、仏から一切法三昧を説法されて出家し、のちの世でパドモッタラ仏となった。
⑤第二十九章：テージャグニーラージャ仏の時代、ドリダダッタ王（ブッダ）は、仏が一切法三昧を説法されたのを聞くと、王国を捨てて出家し、一切法三昧の獲得に努めた。
⑥第三十三章：ゴーシャダッタ仏の時代、仏が入滅すると、シュリーゴーシャ王（弥勒）が塔供養をし、また菩薩たちにも奉仕した。あるとき、王は菩薩たちを招き、夜に聞法の機会を設けたが、招かれた菩薩の一人であるクシェーマダッタ（ブッダ）は一切法三昧を欲し、か

の仏への供養もかねて、自らの右腕を燃やして灯明とした。
⑦**第三十四章**：アチントヤプラニダーナ・ヴェシェーシャサムドガタ・ラージャ仏の入滅後、彼の教えが消滅する最後の五百年の時代、一切法三昧を得ていたブータマティ（ディーパンカラ仏）という説法師の比丘がおり、ジュニャーナバラ王（弥勒）の娘ジュニャーナヴァティー（ブッダ）の先生をしていた。あるとき、ブータマティは病気に罹ったが、彼女は自分の血と肉を献じて、彼の病気を癒した。
⑧**第三十五章**：ラトナパドマチャンドラ・ヴィシュッダアヴィウドガタ・ラージャ仏の入滅後、彼の教えが消滅する最後の五百年の時代、七千人の菩薩が説法師スプシュパチャンドラとともに時を過ごしていた。シューラダッタ王（ブッダ）は後宮の女たちがスプシュパチャンドラに好意を抱いたことに腹を立て、死刑執行人ナンディカに命じて彼を殺してしまった。
⑨**第三十七章**：ガネーシュヴァラ仏の時代、ヴァラプシュパ王はかの仏を供養した。この一切法三昧を含めて様々な説法を仏から聞いた王は、王国を捨てて出家した。仏の入滅後、ヤシャスプラバ比丘（ブッダ）王の息子プンヤマティー（弥勒）を訪れ、一切法三昧を説いた。他の大勢の比丘たちはヤシャスプラバを妬《ねた》み、様々な嫌がらせをしたが、彼は忍辱の力で堪え忍んだ。
この他にも、ブッダは登場しないが、この一切法三昧にまつわる過去物語が二つある。一つは

第五章である。ゴーシャダッタ仏の時代、ドリダバラ王とマハーバラ王という二人の王がいた。仏がマハーバラ王に一切法三昧を説くと、王は従者とともに彼のもとで出家した。一切法三昧を修したため、のちの世に王はジュニャーナシューラという仏に、従者たちはドリダシューラという仏になった。もう一つは第八章に見られる。アバーヴァサムドガタ仏の時代、マハーカルナーチンティン王子は仏から一切法三昧の説法を聞き、のちの世にスヴィチンティタアルタという仏になった。

用例が出そろったので、本経がジャータカを活用する意図について考えてみよう。本経は全部で九つのジャータカが説かれていたが、⑧を除けばすべて本経の主題である一切法三昧に言及し、一切法三昧の説法を聞いたことが契機となって出家したり、一切法三昧の獲得を目指して修行するブッダの姿が主に描かれている。「ブッダは〝実は〟一切法三昧を求めて出家し修行し、一切法三昧の獲得によって成仏したのだ」と説くことで、伝統仏教にはなかった一切法三昧に正統性を与え、また一切法三昧を権威づけており、ジャータカはその道具として活用されているのである。これはのちほど取りあげる法華経も同様であり、伝統仏教にはなかった法華経は今生ではじめて説かれたのではなく、〝実は〟過去世においてすでに説かれていたのだと説く手法と同じである。大乗仏教は、紀元後数世紀たってから創作された経典であるから、歴史的正統性を担保するために、仏伝の中でもとくに過去を扱うジャータカは非常に便利な道具として機能したに違いない。これが本経におけるジャータカ活用の意図である。

ではつぎの課題であるジャータカの機能を考察する。初期経典のジャータカの目的は、ブッダの徳の讃歎・称揚にある。だが、すでに菩薩追体験型の大乗経典で指摘したように、大乗経典はそれに留まらず、ジャータカ（＝ブッダの生き方）を模範とするところに特徴があり、本経はそれを明記する。たとえば第二十九章の連結で「我に従いて〔この〕三昧の実践を学ぶべし」（SR 372.12）、また第三十七章の連結で、対告者チャンドラプラバ王子にブッダは「王子よ、〔これを〕聞き終わらば、我に従いて学ぶべし」（SR 580.10）と説く。さらに、ジャータカではないが、第三十一章でブッダは「汝等もまた、この経において〔我の実践せる〕行を学ぶべし。こ〔の経〕は〔汝等の〕導師にして、甚深なる勝義を説けるなり」（SR 402.11–12）とも説く。

こう見ると、本経は仏伝の「降魔〜成道」だけでなく、「燃灯仏授記〜成道」をカバーするジャータカも意識した構成になっているのがわかり、これもある意味では菩薩追体験型の大乗経典にも分類可能であろう。先ほど引用したジャータカには、ディーパンカラ仏自体の本生話も③と⑦に見られ、単なる燃灯仏授記を越えた用例が本経所収のジャータカで確認されるのも興味深い。つまり、伝統仏教ではブッダ修行の起点に位置づけられるディーパンカラ仏が、相対化されているのである。

「降魔〜成道」を意識した大乗経典の紹介の箇所でジャータカを中心とする「燃灯仏授記〜成道」の説明の方が長くなってしまったが、最後に本題に戻り、本経が「降魔〜成道」を意識して創作されている証拠を挙げておく。それは般若系の大乗経典と同様に、「マーラ」への言及が多い点である。「降魔〜成道」を意識すれば、当然「マーラ」が登場する確立は高くなる。内容の紹介は省略するが、章ごとに「マーラ」が登場する回数だけを整理すると、つぎのようになる。

第一章（五）　第五章（一）　第六章（二）　第九章（一）　第十章（一）　第十二章（一）　第十四章（一）　第十七章（二）　第十九章（一）　第二十二章（一）　第二十四章（二）　第二十八章（五）　第三十二章（十二）　第三十六章（二）　第三十七章（二）　計　三十九例

かたよりなく全体を通じて三十九回、マーラに言及する箇所があるが、これも「降魔〜成道」を意識していればこその現象であろう。本経が仏伝の「降魔〜成道」を意識せずに創作されたとすれば、このマーラへの度重なる言及は説明できない。

般舟三昧経

般舟三昧経《はんじゅざんまいきょう》のインド原典は未発見だが、その蔵訳から本経の原典名はPratyutpanna-buddha-saṃmukhāvasthita-sūtraと推定される。では、この経名をどう解釈するか。ハリソン（Harrison [1990:3]）は「現在の諸仏の面前に立つ〔菩薩の〕三昧」、あるいは「現在の諸仏が〔菩薩の〕面前に立つ三昧」という二つの可能性を指摘したうえで、前者の読みをとる。これに対し、林[1994: 269-272]はこれを否定し、「現在の〔諸〕仏が菩薩あるいは行者の面前に立ち給える、あるいは住し給える三昧」と理解する。詳細は省略するが、ここでは林の解釈にしたがう。
さて、この般舟三昧は先ほどの首楞厳三昧と違い、「見仏《けんぶつ》」を目的とした三昧である。大乗仏教は成仏を目指すが、ブッダの前例にならい、仏になるためにはまず菩薩になる必要がある。そして菩薩になるためには、ブッダが燃灯仏と出会ったように、仏との出会いが必須条件となる。仏を色身に限定した場合、ブッダ入滅とともにその可能性は断たれるが、般若経や維摩経のように、ブッダを法身と解釈すれば、今生この場で仏との出会いは可能になる。もう一つの方法は、三千大千世界という宇宙観に基づき、この世以外にも世界があり、そこに仏が現在も存在すると考えれば、一世界一仏論という伝統仏教の原則に抵触せずに多仏を認めることができ、死後の往生を待たずとも三昧を介して見仏が可能になる。ここに「現在の（pratyutpanna）」という形容詞が「仏（Buddha）」に付される意味が明瞭になる。過去仏でも未来仏でもない「現在の仏」に見《まみ》えることが菩薩の要件を満たすからだ。ブッダは質問者バドラパーラ菩薩に告げる。

「バドラパーラよ、般舟三昧とはどういうものか。バドラパーラよ、比丘・比丘尼・優婆塞・優婆夷は戒を完全に正しく実践し、彼は一人で閑処に行って坐り、〈かの世尊・如来・阿羅漢・正等覚者の無量寿〔仏〕はいかなる方角に留まられ、生活され、住しておられ、また法を示しながら時を過ごしておられるのか〉と心を起こすべきである。彼は〔自分が〕聞いたままの〔無量寿仏の〕姿形で、〈この仏国土から西方の方角にある百千コーティの仏国を過ぎた極楽世界において、かの世尊・如来・阿羅漢・正等覚者である無量寿〔仏〕が、現在、菩薩の集団に囲まれ尊敬されて、時を過ごされ、生活され、住しておられ、法を説いておられる〉と思念する。彼はまた、心を散乱させずに如来を思念するのだ」（D. 133, Na 11a3-7）

「バドラパーラよ、菩薩や在家者や出家者が一人で閑処に行って坐り、かの如来・阿羅漢・正等覚者・世尊の無量寿〔仏〕を、聞いたそのままの姿形で思念し、戒蘊に過失なく、念を散乱させず、一昼夜（中略）七昼夜にわたって思念すべきである。もし彼が七昼夜にわたって心を散乱させずに無量寿如来を思念すれば、七昼夜が満了して経過したのち、彼は世尊である無量寿如来を見る」（D. 133, Na 11b2-5）

無量寿仏に言及するのは第三章までであり、それ以降は無量寿仏が「仏」一般に取って代わる。たとえば第五章では、「般舟三昧に住している菩薩大士には、ほとんど困難なく多くの仏が眼根に（＝目の前に）現れる。ほとんど困難なく、数百の仏、数千の仏、数百千の仏、数億の仏、数百億の仏、数千億の仏、数百千億の仏、数百千那由他《なゆた》の仏が、ほとんど困難なく眼根に（＝目の前に）現れるのである」と説かれている。阿弥陀仏であれその他の仏であれ、ともかくこの般舟三昧を修することにより、色身としてのブッダなき世、すなわち無仏の世にありながら、現在他方仏に値遇《ちぐう》することが可能になり、また死後、極楽世界等の仏国土に往生することもできるのである。

なお、本経にはマーラに対する言及がない。その理由については、推測の域を出ないが、同じ三昧を扱う経典でも、首楞厳三昧経や三昧王経は、それぞれ首楞厳三昧あるいは一切法三昧という三昧自体の獲得を目的とし、その三昧の獲得が覚りと直結しているのに対し、本経は般舟三昧が覚りと直結せず、見仏あるいは極楽往生の手段として般舟三昧を位置づけているという違いに起因しているのではないか。

3 成道時のブッダの情景

兜沙経（華厳経）

本節の最後に『兜沙経《としゃきょう》』を紹介しよう。「華厳経」という呼称で親しまれている本経の正式名称は「大方広仏華厳経《だいほうこうぶつ》」であり、漢訳には五世紀初頭の六十巻本（仏陀跋陀羅《ぶつだばつだら》訳）と七世紀末の八十巻本（実叉難陀《じつしゃなんだ》訳）、またチベット大蔵経には本経の蔵訳が存在するが、木村［2007: 7］は本経が四世紀頃にコータン辺りで生まれた大乗系の集成経典であると指摘する。つまり、現存の華厳経はすでに紹介した十地経や入法界品などの単経を組み込みながら増広したと見られるが、華厳経を構成する経典群の中でもとくに成立の古い経典がこの『兜沙経』であり、支婁迦讖《しるかせん》訳なので二世紀末にまで遡る。中国の有名な五時八教《ごじはっきょう》の教判は華厳経を阿含経よりも前に位置づけているが、最初の説法（阿含経）の直前ということは、成道そのものを説明した経典という意味を持つ。極めて短い経典だが、その内容を箇条書きで紹介する。

・ブッダがマガダの法清浄処《ほうしょうじょうしょ》で最初に覚ったとき、光は甚《はなは》だ明るく、ダイヤモンドの蓮華が自然に現れて大きな獅子座の周りを取り囲んだが、それは過去の諸仏のときと同じであった。
・そのとき、一生補処の菩薩があちこちから来集した。その数たるや十の仏国土の塵の数に相当するほどであったが、彼らはつぎのように話し合った。「ブッダは我々のために十方のあらゆる仏国土を示現し、菩薩の行を示してくださるように」と。
・さらにまた、彼らはつぎのように話し合った。「ブッダは我々に飛んでいるところを見せ、ブッダの光明を示し、ブッダの智慧を現してくださるように」と。
・そこでブッダは諸菩薩の念願を知り、光明の威神を現すと、十方の仏国土からそれぞれ文殊をはじめとする著名な菩薩が無数の菩薩をしたがえて飛来した。
・文殊菩薩はブッダの威神力に促されて言葉を発すると、ブッダは足元から光明を放ち、一仏界中の十億の小国土を照らしだした。
・すると、その一々の国土にブッダの分身が現れ、それがまた菩薩たちに囲まれて、十億の小国土の諸天人民はみなブッダを見た。

以上がその要約だが、伝統仏教の仏伝ではここまで詳細かつスペクタクルに富んだ形でブッダの成道を描写しない。あるのは成道後、様々な木の根元で結跏趺坐して解脱の楽を享受していたことくらいである。伝統的な仏伝の成道を大乗教徒が再解釈すれば、その風景は現在他方仏や菩薩の十地説など大乗仏教の主要な思想に彩られ、このように劇的に変化する。なお、経名の「兜沙」は「十」を意味するSkt. のdaśa(ka) の音写と考えられるが、十方の仏国土から菩薩が集まってきたことを述べることを勘案すると、原名には「十方の仏国土（daśa-buddhakṣetra）」の語が含まれていた可能性を木村［2007: 16］は示唆する。しかし一方で、「十方」とは別に「十法所行」「十法悔過」「十道地」「十鎮」など、「十」（完全数の象徴）にまつわる教法に言及するので、たんにdaśa(ka) の音写なのかもしれない。

五　涅槃

ブッダの永遠性

涅槃経が仏伝に基づいて創作されていることは、経名から見て明白だ。ただし涅槃経と一口に言っても、内容の異なる二種類の涅槃経があり、注意を要する。初期経典の涅槃経と大乗経典の涅槃経である。前者は『長部』所収のMahāparinibbāna-suttantaであり、その漢訳には種々あるが、その一つに『大般涅槃経』がある。一方、後者のインド原典は断片的にしか発見されていないが（松田［1988］）、蔵訳と漢訳三本があり、その漢訳の二つが同じく『大般涅槃経』と呼ばれるので、これまでどおり、前者を小乗涅槃経、後者を大乗涅槃経と表記する。さて小乗涅槃経は、仏伝を紹介した箇所で見たように、ブッダが侍者アーナンダとともに王舎城から故郷のカピラ城に向けて最後の旅をし、その途中で鍛冶工チュンダの施食をうけたことが直接の引き金となってクシナガラで入滅（般涅槃）し、遺体は荼毘に付されて遺骨が八分されたことを説いている。

ではこれに対して、大乗涅槃経の内容はどうか。臨終の説法であることは間違いないが、最後まで読んでも、ブッダが入滅する場面や遺体が荼毘に付される記述などは一切出てこない。ではブッダは何を説法したのかというと、二つの大きなテーマが説かれていると見ることができる。一つは「仏身常住思想」、もう一つは「仏性（如来蔵）思想」である。本経は、一見してブッダの死を象徴する涅槃を題材にし、それを逆手にとって「ブッダの命は死することなく永遠である」ことを説き明かそうとしているのである。そして誰でも仏になる可能性を秘めているという「仏性（如来蔵）思想」が、もう一つの大乗涅槃経の重要なテーマなのである。あるいはこれに第三のテーマとして「涅槃の常楽我浄説《じょうらくがじょう》」を加えてもよいだろう。これは四法印に代表されるように、無常・苦・無我を根本思想とする伝統仏教から見れば「四顛倒《してんどう》」とみなされていた見解をことごとく反転させ、肯定する見方であり、のちほどふたたび取りあげる。

大乗涅槃経の冒頭部分を見ると、本経はクシナガラにある沙羅双樹《さらそうじゅ》の間で、二月十五日に一昼夜をかけて行われた説法であると言う。様々な群衆がブッダのもとに赴き、最後の供養を捧げてもブッダはそれをうけとらなかったが、最後にチュンダがやってきて供養を捧げると、ブッダはそれを納受し、ブッダは説法をはじめる。これはブッダへの最後の施食がチュンダによってなされたという仏伝の記述を尊重しつつも、最後の説法にチュンダが参加するという、小乗涅槃経にはなかった場面設定をしている。このように大乗涅槃経は小乗涅槃経を再解釈し、一部は取り込みながら一部は改変し、独自の思想を盛り込んで物語を編んでいる。大乗経典は新たな思想を伝えんがために創作されるが、しかしまったくの更地《さらち》にゼロから新たな家を建てるのではなく、仏伝の内容は充分に意識しながらも、それを独自に再解釈して創作しているのである。

さて、先ほど本経のテーマを三つ指摘したが、その中でも仏伝に深く関与するのが仏身常住の思想である。大乗仏教の仏身観はおおむね法身を核に構成されているが、本経もその枠外ではなく、法身と色身（生身）の二身説が説かれていることは、すでに第二章第一節第二項の「二身説」で取りあげたとおりである。ではここで、仏身常住の問題を、小乗涅槃経と大乗涅槃経とで比較してみよう。小乗涅槃経はブッダが入滅して遺体が荼毘に付され、遺骨（舎利）が八分されることに言及するので、一見すればブッダの生涯の最後を客観的に記述しているようにも見えるのだが、このような見方について下田［1997: 60–75］は否定的である。以下、彼の考えをまとめてみよう。

そもそも、経典が伝えたいのは客観的事実ではなく、宗教的に価値があると判断されたものである。とすれば、残された仏教徒にとって不都合きわまりない教祖ブッダの死（非存在）を客観的に記述することが小乗涅槃経の編纂意図ではないことになる。そこで下田はブッダが最後の説法をした直後に初禅から第四禅までを繰り返し、入定する様子を伝えている記述に注目する。すなわち、ここではブッダの「死」を「禅定」としてとらえなおし、ブッダの入滅を禅定の階梯の中に読み取っていると理解する。つまりブッダの涅槃は存在の滅ではなく、最高の禅定への入定を意味し、それを伝えるのが小乗涅槃経の意図であると考えるのである。

とすると、大乗小乗を問わず、涅槃経はブッダの永遠性をテーマにした経典ということになるが、少なくとも小乗涅槃経の場合、それはあくまで一つの解釈であり、文言として明記されているわけではない。一方、大乗涅槃経はこの点をさらに進め、ブッダの身体は常住であると明記し、またすでに指摘したように、この点を強調するためか、臨終の場面や遺体が荼毘に付される場面を描いていない。小乗涅槃経と大乗涅槃経がともにブッダの常住をテーマにしているとしても、その表現形態には大きな違いがある。大乗涅槃経がブッダの常住を大々的に取りあげていることは間違いないが、ここでは大乗涅槃経が仏伝の涅槃を題材にしていることが確認できれば充分であろう。

さて、大乗涅槃経には仏身常住説の他に、仏性説や常楽我浄説が説かれているが、ここでは仏身常住説と関連する常楽我浄説について触れておこう。伝統仏教では有為法《ういほう》に対して常（nitya）・楽（sukha）・我（ātman）・浄（śubha）の思いを抱くことが「四顛倒」として斥《しりぞ》けられるが、大乗涅槃経になると、これが常楽我浄説で肯定されるようになる。その背景には何があったのか。大乗涅槃経はブッダの涅槃を扱う経典であり、仏身の常住を説くことを使命とした。般涅槃で姿を消したブッダを取り戻すべく、大乗経典は法身を軸に仏身の常住を謳《うた》ったが、とりわけ大乗涅槃経はブッダの涅槃を意識した経典であるから、ブッダの死（涅槃）に象徴される〈有限性〉を否定し、仏身常住という〈無限性〉を確立しなければならなかった。つまり、ブッダの死をめぐる伝統仏教の見方を根底から覆す必要があったと推定され、そう考えれば、この常楽我浄説も「伝統仏教の価値観の転覆」という点で仏身常住説と根底ではつながっている。大乗経典は、伝統仏教の価値観を多かれ少なかれ反転させるべく創作されていると言えよう。

では最後に、仏伝とは直接関係はないが、大乗経典の創作にヒントを与えてくれる用例を紹介しておく。大乗涅槃経には伝統仏教の人口に膾炙した給孤独長者の入信説話が見られる。この説話は現存の広律すべてに含まれているので、これらを比較すれば、大乗涅槃経所説の説話がどの部派の律の伝承に近いかが一目瞭然となり、大乗経典と部派との関係に貴重な手がかりを与えてくれる。この説話は、給孤独長者が所用で王舎城に来ていたときに止宿していた長者の家で「ブッダ」という音（あるいは語）を聞いたことが機縁となってブッダに謁見し、入信し、自分の故郷である舎衛城にも精舎を作る決心をするというものである。ポイントは、止宿している長者から「ブッダ」という音（あるいは語）を聞いたときの給孤独長者の反応である。

『大般涅槃経』には「須達《しゅだつ》長者、初めて仏の名を聞き、身の毛は皆堅し」（T. 374, xii 540c3）という記述が見られる（蔵訳 D. 120 には対応箇所なし）。このように、「ブッダという音（あるいは語）を聞いて鳥肌を立てる」という表現は説一切有部の文献に固有であり（Hiraoka［2000］; 平岡［2002: 359-368］; 平岡［2003］）、少なくともこの給孤独長者の入信説話に関しては、大乗涅槃経が説一切有部の伝承に影響を受けていることになる（この他にも、説一切有部の伝承と関連する用例が、大乗涅槃経に散見する）。本経が大衆部と関係の深い経典であることは下田［1997: 254-256, 323-419］によって指摘されているが、では大衆部と関係の深い経典である大乗涅槃経に説一切有部の文献の影響が見られることは何を意味しているのか。終章でふたたびこの問題をとりあげてみたい。

第四章

法華経と仏伝

一　考察の前提

法華経の全体像

では最後に、仏伝をもっとも意識し、仏伝をもっとも体系的に包括している法華経を取りあげる。前章で扱った大乗経典は、仏伝のトピックを部分的に意識したものがほとんどだった。一方、法華経は燃灯仏授記に始まり、成道・梵天勧請・初転法輪・入滅、さらには仏滅後までをも視野に入れている点で、他の大乗経典には類例を見ない詳細さである。初転法輪（ブッダ三十五歳）から入滅（ブッダ八十歳）までには四十五年の歳月が流れ、その間にも様々な出来事が起こっているが、法華経はそれさえも忠実に意識してストーリーを展開している。法華経と仏伝については平岡［2012］で詳細に論じたので（これに対しては、佐々木［2014: 46–47］の批判がある）、ここではそれを要約して内容を提示する。両者の比較に入る前に、まずは法華経の全体像を俯瞰《ふかん》しておこう。法華経全二十八品の内容をまとめると、以下のとおり。

序品［1］　法華経の幕開けとなる序章。ブッダは白毫《びゃくごう》から光明を放つ等の瑞相《ずいそう》を現したが、これは法華経の説かれるときの予兆であり、過去にも日月灯明《にちがつとうみょう》如来が法華経を説く前に同じ瑞相が現れたと文殊は言う。
方便品［2］　シャーリプトラに三度説法を懇願されたブッダは説法を決意し、如来は巧みな方便を用いて三乗を説いたが、実際は仏乗という一乗しかないと告げる。
譬喩品［3］　その説法を聞いて喜ぶシャーリプトラに、ブッダは成仏の記別《きべつ》を授ける。ブッダは「三車火宅の喩え」を説き、巧みな方便を用いて三乗を説いた理由を明かす。
信解品［4］　スブーティ等の四大弟子も一仏乗の説法を聞いて「素晴らしい宝を得た」と喜び、「長者窮子の喩え」を説いて、自分たちがブッダの教えを理解したと告げる。
薬草喩品［5］　ブッダは「三草二木の喩え」を以て、教えを聞く側の素質や能力に差があっても、如来はそれぞれにふさわしい教えで有情を導くことを説く。
授記品［6］　ブッダはスブーティ等の四大弟子に、それぞれ成仏の記別を授ける。
化城《けじょう》喩品［7］　過去世においても、大通智勝《だいつうちしょう》如来が今生のブッダと同じように四諦や十二因縁を説いたあとに法華経を説き、それをうけて、大通智勝如来が太子だったときに生まれた十六人の王子も沙弥となって法華経を説いて有情を教化した。
五百弟子受記品［8］　プールナ・マイトラーヤニープトラがブッダの説法を讃えると、ブッダは彼に成仏の記別を授ける。さらにカウンディンニャをはじめとする五百人の比丘たちにも、ブッダは成仏の記別を授ける。
授学無学人記品［9］　ブッダはアーナンダと実子ラーフラにも成仏の記別を授け、さらに二千人の声聞たちにも成仏の記別を授ける。

法師品〔10〕　法華経を聞いて喜ぶ者は未来世に成仏し、法華経を誹謗《ひぼう》する者は如来を罵るよりも罪が大きいとされるなど、法華経受持の功徳が説かれる。

見宝塔品〔11〕　大地が割れて多宝《たほう》如来の塔が出現し、虚空に留まると、十方より諸仏が雲集する。ブッダが虚空で塔を開くと、現れた多宝如来は法華経の説法のたくみさを証明し、ブッダに半座を譲ると、二仏は並坐する。

提婆達多品〔12〕　ブッダは過去世で法（法華経）を求めてデーヴァダッタの奴隷となったことや、デーヴァダッタがブッダの善知識であったことが明かされる。また龍王サーガラの娘が法華経によって教化され、男子になって成仏する話も見られる。

勧持品〔13〕　薬王《やくおう》菩薩と大楽説《だいぎょうせつ》菩薩および従者の菩薩たちは、ブッダの入滅後も法華経を説くことを誓う。また、ブッダはマハープラジャーパティーやヤショーダラーにも成仏の記別を授ける。

安楽行品〔14〕　法華経を説く者が行うべき四つの特性がブッダによって説明される。

従地涌出品〔15〕　地面が割れて、法華経を受持し説法する大勢の菩薩たちが出現。彼らは皆、ブッダ自身が教化した菩薩であると言われた弥勒は、成道後わずか四十年で、どうしてこのような大勢の菩薩たちを教化したのかをブッダに尋ねる。

如来寿量品〔16〕　自分の寿命は久遠であり、実は遠い昔に覚りを開き、有情を教化し続けてきたのであり、涅槃を示すのは有情を仏道に覚醒せしめ、発奮させるための方便であるとして、「良医病子の喩え」が説かれる。

分別功徳品〔17〕「如来の寿命の長さの説示」という法門を読誦し、受持し、書写し、供養することの功徳が詳細に説明される。

随喜功徳品〔18〕仏滅後、この経を聞いて喜ぶ者の功徳の大きさが説かれる。

法師功徳品〔19〕法華経を受持・読誦・説明・書写する者の功徳が明かされる。

常不軽菩薩品〔20〕常不軽《じょうふぎょう》菩薩（ブッダの前生）は、人々の非難や侮辱に遭いながらも菩薩行の実践を勧め、「あなたは将来、仏となるお方です」と唱えて有情を敬いながら歩いたことが語られる。

如来神力品〔21〕従地涌出品において大地より出現した菩薩たち、および文殊をはじめとする菩薩たちも、仏滅後に法華経を弘《ひろ》めることを誓う。

嘱累品《ぞくるいほん》〔22〕ブッダが右手ですべての菩薩たちの手を握って法華経を委嘱すると、彼らはブッダの命に背かないことを誓う。

薬王菩薩本事品〔23〕薬王菩薩が娑婆世界で遊歴する理由を説明する形で、ブッダは彼の過去物語を説く。ここでは一切衆生憙見《いっさいしゅじょうきけん》菩薩（薬王菩薩の前生）が日月浄明徳《にちがつじょうみょうとく》如来と法華経を供養するために自分の体に火をつけて体を布施したり、日月浄明徳如来の遺骨供養を行うために、自分の腕を焼くという話が見られる。

妙音菩薩品［24］　浄光荘厳《じょうこうしょうごん》という世界から娑婆世界にやってきた妙音《みょうおん》菩薩の善根について、ブッダは衆会の者たちに説明する。妙音菩薩はブッダと多宝如来を供養したあと、自分の世界に戻り、娑婆世界での出来事を浄華宿王智《じょうけしゅくおうち》如来に報告する。

観世音菩薩普門品［25］　観世音《かんぜおん》菩薩の名を称えたり礼拝することの功徳を説く。

陀羅尼品［26］　薬王菩薩たちは法華経の説法者を守護するために陀羅尼《だらに》を述べる。

妙荘厳王本事品［27］　二児に教化された妙荘厳《みょうしょうごん》という王は、二児の師である雲雷音宿王華智《うんらいおんしゅくおうけち》如来から聞法し、法華経を理解するために修行し三昧を獲得すると、如来は彼に成仏の記別を授ける。

普賢菩薩勧発品［28］　法華経を聞くために東方よりやってきた普賢《ふげん》菩薩に、ブッダは法華経を得るための四法を説く。普賢菩薩が法華経の受持者を守護すると誓うと、ブッダは彼を称讃する。最後に法華経を信じる者の功徳と謗《そし》る者の不幸とが説明される。

経典の成立

大乗経典、とくに大部のものは時間をかけて形成されており、法華経も例外ではない。したがって、その成立に関しては二十八もの学説があり、それを紹介するだけで一冊の本（伊藤［2007］）ができ上がるほどだ。法華経の成立に関してはまだ諸説紛々としているが、おおむねつぎの三点は共通理解として認識されている。

（一）方便品［2］〜授学無学人記品［9］は一つのグループとして法華経の核となる
（二）最後の六品（薬王菩薩本事品［23］〜普賢菩薩勧発品［28］）は後代の付加である
（三）提婆達多品［12］は後代の付加である

通常、嘱累品［22］が経典の締めの章となるのであるから、薬王菩薩本事品［23］以降は、経典の成立が一段落したのちに付加されたと考えられる。また内容的にもこれら六品はそれぞれ独立しているのでここではそれらを扱わず、それ以前の法華経と仏伝の関係を考察していく。これまでに仏伝を視野に入れた法華経研究がまったくなかったわけではないが、それらは断片的で、法華経を仏伝として包括的に考察した研究ではなかった（横超［1936; 1963］・下田［1999］・岡田［2007］・菅野［2001］・井本［2000］）。

従来より、仏伝を「四大仏事（誕生・成道・初転法輪・涅槃）」で代表させることがある。このうち、誕生以外は何らかの形で法華経に反映されているので、法華経は仏伝に意識的であるが、これらが説かれるのは方便品［2］・譬喩品［3］・如来寿量品［16］の三品のみであり、全体の九分の一にも満たない。とくに成道や初転法輪を意識した譬喩品［3］と涅槃を意識した如来寿量品［16］との間には十二もの章が存在するが、もし法華経が仏伝を意識していると主張するのなら、ここに初転法輪から入滅までの四十五年間の出来事も反映されているかどうかを確認する必要があろう。ここで、法華経の仏伝要素を洗い出すにあたり、再度、法華経に関連する仏伝の出来事を列挙しておく。

①燃灯仏授記
②梵天勧請から初転法輪
③初転法輪とカウンディンニャの覚り
④五比丘の覚り
⑤ヤシャスの出家とカーシャパ兄の回心
⑥シャーリプトラとマウドガリヤーヤナの出家
⑦デーヴァダッタの破僧（悪事）
⑧カピラ城帰郷
⑨般涅槃
⑩仏滅後

二　法華経と仏伝との対応

ではこの十項目に基づき、法華経の構造が仏伝とどう重なるのか、換言すれば、仏伝の構成がどのように法華経の構造に組みこまれているのかを、法華経の序品から順番に見ていく。まずその品の内容を紹介し、そのあとで仏伝との比較や対応を指摘する。

①序品［1］……燃灯仏授記

内容　法華経の幕開けとなる序章。比丘・比丘尼に加え、文殊等の菩薩たちと一緒にブッダは時を過ごしていた。所は王舎城の霊鷲山、時は成道後四十年あまりというから、三十五歳で成道し八十歳で入滅したとする伝承にしたがえば、本教の説示はブッダ入滅の五年前から入滅直前の間にあたる。このとき、ブッダは「無量義」と呼ばれる法門を説示し、その後、結跏趺坐すると「無量義処」と呼ばれる三昧に入った。すると、天上の花の雨が降り注ぎ、大地が六種に震動する。そのとき、ブッダの眉間にある白毫から一筋の光明が放たれ、その光明が東方に向かって一万八千の仏国土を照らしだすと、その仏国土で説かれているそれぞれの仏の説法も聞こえ、またそこで般涅槃した仏の塔なども見えた。そこで、弥勒はこのような奇瑞の意味を文殊に尋ねる。

「文殊よ、世尊が神力でこのような希有《けう》未曾有なる光明を作りだされると、如来を上首とし、如来を導師とした、色とりどりで見目麗しく、最高に美しい一万八千の仏国土が見られましたが、これにはいかなる因や縁があるのですか」（SP 8.5-7）

これはブッダがこれから偉大な法を全世界に轟《とどろ》かせようとする予兆であり、如来が世間の者に難信の法門を説くときには、このような光明を放って輝かせるという予兆を示されると文殊は説明し、自らの体験を説いて聞かせる。はるか遠い大昔、日月灯明如来が世に現れた。彼は声聞のために四聖諦や十二因縁の経説を説き、また菩薩には六波羅蜜を説いた。彼のあと、同じ日月灯明という名の如来が次々と二万人現れ、声聞には四聖諦や十二因縁、菩薩には六波羅蜜を説いた。この相続の最後の日月灯明如来には出家前にもうけた八人の王子がいたが、彼らも出家した父にしたがって出家した。

そのとき、今のブッダと同じく、日月灯明如来が「無量義」と呼ばれる法門を説示し、その後、結跏趺坐して「無量義処」と呼ばれる三昧に入ると、白毫から一筋の光明が放たれ、その光明が東方に向かって一万八千の仏国土を照らしだした。その如来の衆会には妙光という菩薩がいた。日月灯明如来は彼に妙法蓮華の法門を説いて六十中劫が過ぎると無余涅槃界に般涅槃したが、その前に日月灯明如来は徳蔵《とくぞう》菩薩に成仏の記別を授ける。そして仏滅後は妙光菩薩が、八十中劫の間、この法門を護持し、説示した。

さて、その八人の出家した王子は妙光菩薩の弟子になり、多くの仏に仕えて最後には無上正等菩提を証得したが、その中の最後がディーパンカラ如来であると言う。また「妙光菩薩は私（文殊）であり、その弟子で怠け者であった菩薩はあなた（弥勒）であった」と説かれる。こうして、ブッダの現した希有未曾有なる光明は法華経が説かれる予兆であり、それは今生だけでなく、過去においても同様であったと言う。

比較　序品の必要性について、思想的には様々な見方が可能だが、形式的な側面から法華経が序品において燃灯仏に言及している点にまず注目してみよう。伝統的な解釈では、ジャータカ等において燃灯仏はブッダが修行する起点に位置づけられる仏であり、過去仏思想の第一に位置する仏だが、法華経では、日月灯明如来がすべての起点になり、それに相対化される形で燃灯仏が位置づけられている。しかし、ここでは燃灯仏のみに注目してはならない。真に注目すべきは、旧来の「燃灯仏とブッダ」の関係がここでは「日月灯明如来とブッダ」の関係に置き換えられている点である。つまり、法華経においては、従来の燃灯仏が演じた役割を日月灯明如来が演じている点が重要である。

さらに注目すべきは、「日月灯明如来と八人の王子」の関係が「ブッダとラーフラ」の関係を暗示する点である。法華経において八人の王子は、父である日月灯明如来に師事した妙光菩薩に師事して成仏を確定したとするなら、この妙光菩薩に相当するのは誰か。それはラーフラを出家させたシャーリプトラである。シャーリプトラはこのあと、法華経を聞いて最初に成仏の記別を授かる仏弟子であり、法華経では重要な役回りを演じているが、ここでもそれは暗示されていると解釈することができるだろう。

ここでもう一つ、法華経の伝持者の問題について考えておこう。燃灯仏授記の物語では、燃灯仏に息子がいたと説く伝承はないが、法華経は燃灯仏に相当する日月灯明如来に八人の息子がいたと説き、彼らは法華経によって成仏したわけであるから、経典には明記されていないが、彼らも法華経の伝持者と考えられる。その最後を燃灯仏とする点で、法華経は血統による伝持を強く意識しているという印象をうける。ただし、血統あるいは「仏の子」といっても、ここではラーフラがブッダの遺伝的な「血の継承者」であると同時に「法灯の継承者」であるという事実に基づいた、「法灯の継承」（血脈）という、比喩的な意味での「仏の子」としてではあるが。

法華経は「父子関係」の譬喩を多用し、「仏の子」という表現も頻出する。法華経の伝持者は法師と呼ばれる人たちだったというが、彼らは自らを「仏の子」と位置づけ、その使命を全うしようとした節があり、ここでの日月灯明如来と燃灯仏の関係およびブッダとラーフラの関係は、その投影とも考えられる。ともかく、法華経を仏伝として見ると、法華経がその修行の起点である燃灯仏に言及するのは当然だが、これは旧来の伝承をそのまま借用したのではなく、それを法華経的に解釈しなおしている点を忘れてはならない。燃灯仏以前に二万人の仏を置き、また法華経によって彼は燃灯仏になり、また従来の仏伝における燃灯仏が法華経では日月灯明如来である点等が法華経独自の展開であり、法華経は旧来の燃灯仏伝承を再解釈しているのである。

②方便品［2］……梵天勧請から初転法輪

内容　序品をうけ、いよいよ法華経の核心「一仏乗」の教説が説かれる。無量義処三昧で沈黙していたブッダは、シャーリプトラに「如来の覚った真理は深遠であり、また如来の説法は理解し難い」と告げた。それに疑問を抱いた声聞や独覚の心を察知し、またその発言に対する自分自身の疑念を晴らすべく、シャーリプトラがブッダに質問する。

「世尊よ、世尊が過剰なまでに繰り返して如来たちの善巧方便・知見・説法を称讃されるには、いかなる因やいかなる縁があるのですか。「私はまた深遠なる法を覚った」とか、「深い意味の込められた〔言葉〕は理解しがたい」と〔世尊〕は繰り返して説かれますが、このような法門を、かつて私は世尊のもとで聞いたことがありません。また世尊よ、この四衆も疑問や疑念を抱いています。如来が如来の深遠な法をなぜ何度も称讃されるのか、〔そのわけを〕どうか世尊は明らかにしてください」(SP 34.1-5)

ブッダは「その意味を説いても世間の者たちは恐れを抱くから」といってシャーリプトラの申し出を拒否するが、三度、シャーリプトラは世尊に説法を懇願する。

「世尊はその意味をお説きください。善逝はお説きください。世尊よ、この衆会には、私と同じように何百もの多くの有情がおります。(中略)彼らは前世において世尊が成熟された者たちであり、彼らは世尊の言葉を信じ、信頼し、保持するでしょう。それは彼らにとって、

長夜にわたり、幸福のため、利益のため、安楽のためになるでしょう」（SP 37.6–11）

そこでブッダは同志シャーリプトラが三度にわたって説法を懇願するのを知り、説法を決意するが、そのとき、五千人の高慢な比丘たちがその場から立ち去った。それを見たブッダは「私の衆会から不要な籾殻《もみがら》が取り除かれた、彼らが立ち去ったことはよいことだ」と言ってから、説法をはじめる。その内容はつぎのように要約できよう。

「如来は真実を語る者であり、妙法は思慮分別を越え、如来の仕事は如来の知見を衆生に獲得させることだけである。よって、如来は一切知者たることを究極の目的とする如来の乗物についてだけ説法する。必要に応じ、善巧方便で、それを三つの乗物に分けて説く。それゆえに、存在するのはただ一つの乗物、すなわち仏の乗物（一仏乗）だけである。この全世界には過去・現在・未来にわたって多くの如来がいるが、彼らはすべて同様に説法する。そういうわけで、いかなる行為であろうとも仏法を信じて行動すれば、誰でもそれが因となって、将来、如来になることができるのである。仏塔や仏像を造り、これに供養を捧げ、あるいはこれに対して礼をなすのも同様である。私が菩提樹の元で覚りを開いたとき、一時は説法せずに般涅槃すべきであると思ったが、梵天が懇願したので、私自身も過去の如来が善巧方便を用いて説法したことを思い起こし、まずは三乗に分けて説法することを決意すると、十方の如来もそれを称讃したのである」（SP 39.7 ff.）

比較　シャーリプトラが三度ブッダに説法を懇願し、それをうけてブッダが説法を行うという件を見れば、この方便品の話が仏伝の梵天勧請から初転法輪を下敷きに構成されていることは明白であり、これはすでに研究者によって指摘されている。ただ、ここで従来の初転法輪と法華経における第二の転法輪が違う点は、説法を決意した理由である。すべての用例をここで紹介することはできないので、インド原典のある資料から、その決意の理由を見てみよう。『律蔵』では、「覚ることもできる者もいるから、説法されますように」という梵天の要請をうけたブッダはつぎのように説く。

たとえば、青蓮華の池・赤蓮華の池・白蓮華の池で、ある青蓮華・赤蓮華・白蓮華は、水中に生じ、水中で育ち、水面には顔を出さず、水中に沈んだままで繁茂し、ある青蓮華・赤蓮華・白蓮華は、水中に生じ、水中で育ち、水面に留まり、ある青蓮華・赤蓮華・白蓮華は水中に生じ、水中で育ち、水面より高いところに留まって、水に触れることがないように、世尊は仏眼で世間を観察されると、有情の中には、塵垢の少ない者と塵垢の多い者、利根の者と鈍根の者、相貌の善い者と相貌の悪い者、理解力の優れた者と理解力の劣った者がおり、またある者は来世と罪過に恐怖を認めて時を過ごしているのを見られた（Vin. i 6.28–7.2）。

ここでは、「利根者」の存在がブッダに説法を決意させた理由となっている。『律蔵』では有情が「利根者／鈍根者」の二種類に分類されるが、根本有《こんぽんう》部《ぶ》律破《りつは》僧事《そうじ》（SBhV i 129.18–130.6）ではこれが「利根者／中根者／鈍根者」の三種類に分類され、「利根者は正しい法を聞かなければ堕落してしまう」とブッダは考えて説法を決意しているので、『律蔵』と根本有部律破僧事はその分類された有情の中で一番上の利根者が説法の対象となり、彼らに向けてブッダは説法を決意したと説く。

一方、『大事』（Mv. iii 317.19–319.1: 平岡〔2010b: 404–405〕）も有情を「邪見の集団／正見の集団／不定の集団」の三種類に分類するが、ブッダは〈私は法を説くべきか、あるいは説かざるべきか。説いても虚偽に安住せる集団はこの法を理解しないだろう。私は法を説くべきか、あるいは説かざるべきか。正義に安住せる集団はこの法を理解するだろう。どちらにも確定していない集団は、もし彼らに法を説けば理解するだろうが、説かなければ理解しないだろう〉と思案したのち、ブッダは「不定の集団（どちらにも確定していない集団）」を考慮して説法を決意したと説く。では、法華経はどうか。その経緯を詩頌の記述から探ってみよう。

> 梵天、帝釈天、四大王天、大自在天、自在天、さらに幾千コーティものマルット神の群れは、全て合掌し、敬意を表して立てり。しかして、我はその意味を考えたり。〈我は如何に

なさん。我は菩提を褒め讃えて語るに、かの有情等は苦に苛まれ、これら愚者等は我の説ける法を罵り、罵ることにより、悪しき境涯に赴かん。〔故に〕我は全く何も説かざるにしくはなし。まさに今、我には静寂なる涅槃あるべし〉と。〔しかるに〕過去の諸仏と彼等の善巧方便の如何なるかを随念し、「いざ我もまたこの仏の菩提を三種に説き、ここに明かさん」と（SP 55.3–10）。

これは最初の説法に言及する箇所であるが、傍線で示したように、ここでは過去の諸仏の所行に則って、ブッダが最初の説法を決意したと説かれている。そして、第二の説法、すなわち法華経の説法を決意した理由はつぎのように説かれる。

しかしてその刹那、我にかくの如き思念は生じたり。〈最上なる法を説くべき時の我に到来せり。そのためにこそ我はこの世に生まれたる、その最上なる菩提を今ここで我は説かん〉（SP 57.5–6）

これを見ると、法華経の説法がブッダ出世の本懐であることが述べられているが、それは有情にその機が熟したことと表裏の関係にある。また、この偈頌では明記されていないが、説法を決意した理由は、最初の説法と同様に、それが過去仏たちの所行に則っていることも指摘しておこう。というのも、長行《じょうぎょう》（散文）において、過去の諸仏も未来の諸仏も現在の他方諸仏も、方便を用いて法（三乗）を説き、のちに一乗の教えを説くように、自分も同様にすることが、つぎのように明記されているからだ。

「〔過去の諸仏・未来の諸仏・現在の他方諸仏と同様に〕私もまた、シャーリプトラよ、如来・阿羅漢・正等覚者として、多くの人々の幸福のために、多くの人々の安楽のために、世間を憐愍して、神や人など、大勢の人々の幸福・利益・安楽のために、様々な傾向を持ち、様々な要素や意向を持つ有情たちの思惑を知って、様々な決意や説示、多様な原因・論証・例証・論拠・語源解釈といった善巧方便を駆使して、法を説く。私もまた、シャーリプトラよ、ただ一つの乗物、すなわち一切知性を究極とする仏の乗物に関して、有情たちに法を説く。換言すれば、有情たちに如来の知見を得させ、如来の知見を見させ、如来の知見に入らせ、如来の知見を覚らせ、如来の知見の道に入らせる法を、有情たちに説くのである」（SP 42.12–43.1）

このように、過去仏と同じように、法華経の説法が今のブッダにかぎった特殊なことではなく、過去の諸仏も未来の諸仏も、そしてまた現在の他方諸仏も行うことであると説くことで、法華経の説法に普遍性を持たせようとしていることが窺える。

さてここで、法華経におけるシャーリプトラの役割について、言及しておこう。法華経ではブッダの対告者としてシャーリプトラが登場し、また法華経を一番最初に理解した仏弟子として彼が位置づけられている点からすれば、彼が法華経で重要な役回りを演じていることは容易に理解される。法華経がシャーリプトラを対告者とする理由を、苅谷［2009: 61］は、「それは、もとよりこれからの所説内容が「仏智」を主題とするからであって、その場合、舎利弗は仏弟子の中で智慧第一とされるところから、彼の智慧とこれから言及される仏智との間に雲泥の差のあることを際立たせるために他ならない」とする。これについては、のちほどあらためて検討するであろう。

さて、仏教がブッダの覚りに端を発することはいうまでもない。しかしその覚りの内容が言葉として表現され、それが誰かに理解されなければ、歴史的宗教、すなわち歴史に刻まれた宗教としては存在しなかったわけだから、仏教史における初転法輪の位置づけはきわめて重要である。仏伝ではその内容が「中道・八正道・四聖諦」であり、これこそが初期仏教の中核となるが、それと同様に法華経においては、ここで開陳される一仏乗の教え、そしてそれを説くのがブッダ出世の本懐であるとすることがその中核となる。したがって、広義の法華経は序品から普賢菩薩勧発品までの二十八品を指すが、狭義の法華経はこの方便品ということになるだろう。

③譬喩品［3］……初転法輪とカウンディンニャの覚り

内容　法華経の核ともいうべき方便品［2］につづき、譬喩品では、「三車火宅の喩え」を用いて、三乗（小乗［声聞・独覚］・大乗［菩薩］）と一乗（仏乗）との関係がわかりやすく解説される。ここにはブッダがシャーリプトラに成仏の記別を授ける話が見られ、仏伝ではカウンディンニャの覚り（成阿羅漢）に相当する箇所だ。さて、シャーリプトラはブッダの説法を聞いて非常に喜び、今こそが真の涅槃であることを述べた。

「嘗《かつ》て我は邪見に固執し、外道に尊敬さるる遊行者なりき。その後、師は我が願いを知りて邪見より解脱せしめんがため、涅槃を説き給えり。我はその一切の邪見より解脱し、諸法の空なるを体得し、それによりて〈我は涅槃せり〉と錯覚せり。しかるに、これは〔真の〕涅槃とは言われず。一方、最高なる有情として仏となり、人・神・夜叉・羅刹に崇められ、三十二相の容姿を具えし者とならば、そのとき、〔人〕は完全に涅槃す。神々を含める世間の前にて、〔世尊〕の〔我に〕最高なる菩提を予言し給うとき、〔その〕声を聞きて、我が自惚《うぬぼ》れは全て除かれ、今日、我は〔真の〕涅槃を得たり」（SP 62.13–63.4）

これをうけて、ブッダはシャーリプトラに告げる。

「シャーリプトラよ、私はお前を二百万コーティ・ナユタの仏のもとで、無上正等菩提において成熟させてきた。そしてお前は、シャーリプトラよ、長夜にわたり、私にしたがって学んできた。シャーリプトラよ、そのお前は、菩薩であるという教誡によって、また菩薩であるという秘密によって、今この私の教えの中に生まれてきたのだ。しかし、シャーリプトラよ、お前は〔私が〕菩薩〔であったとき〕の加持により、過去での行と誓願、また〔自分が〕菩薩であるという教誡や〔自分が〕菩薩であるという秘密を思いだすことなく、自分は涅槃に入ったと思いこんでいる。シャーリプトラよ、私は〔お前の〕過去での行と誓願、知を覚ったことをお前に思いださせようとして、すべての仏が受持する広大な経典であり、菩薩のための教えである、この「妙法蓮華」という法門を、声聞たちに向かって説き明かすのである」（SP 64.10–65.2）

そしてこのあと、シャーリプトラが未来世において「華光《かこう》」と呼ばれる如来になるとブッダは予言する。すると、それを聞いて、神々が天上の曼荼羅華《まんだらけ》をブッダに降り注ぎ、楽器が打ち鳴らされ、つぎのように言った。

「かつて世尊はヴァーラーナシーのリシパタナの鹿野苑において法輪を転じられたが、今日ふたたび、世尊は第二の無上なる法輪を転じられた！」（SP 69.12–13）

「世に匹敵する者なきお方よ、貴方は法輪を転じ給えり。偉大なる勇者よ、ヴァーラーナシーにて〔五〕蘊の生滅〔を説く法輪〕を。導師よ、そこにては最初の〔法輪〕、〔今〕ここにては第二〔の法輪〕は転じられたり。導師よ、彼らには容易に信じ難き〔法〕は、今、説かれたり」（SP 69.15–70.2）

この表現が仏伝の初転法輪を意識していることは、用語の上からも明白である。このように、法華経作者は「中道・八正道・四聖諦」を内容とする「最初の法輪」に対し、この法華経を「第二の法輪」として仏伝を解釈しなおしていることがわかる。そしてこのあと、シャーリプトラはブッダに対して、さらにつぎのように懇願する。

「世尊よ、有学にせよ無学にせよ、世尊の声聞の中には、我見・有見・無見の邪見をすべて捨て去り、自分たちはすでに涅槃の境地に入ったと自認する二千人の比丘たちがいます。いまだかつて聞いたこともないような法を世尊から聞いて、彼らは疑惑を抱きました。世尊よ、どうか世尊はこの比丘たちの疑念を取り除くために、またこれら四衆の疑惑や疑心がなくなるように、お話しください」（SP 71.1–5）

これをうけて、法華七喩の中でもとくに重要な「三車火宅の喩え」が説かれ、ブッダがなぜ最初から法華経を説かずに三乗を説いたのか、その理由が明かされ、最後に法華経を信受することの功徳と誹謗することの恐ろしさなどが説かれる。

比較　仏伝との関係で法華経を見る場合、譬喩品ではじめて登場するシャーリプトラへの授記はきわめて重要である。というのも、これを皮切りに法華経にはここから授記の記述が頻出するからだ。「授記」と訳されるvyākaraṇaはvy-ā√kṛに由来し、本来は「説明」や「解答」を意味するが、それが誰かの死後の行き先に対する問いの「解答」になった場合、「未来に対する予言」的意味が含意される（前田［1964a: 299-301］）。本来的には「解答」を意味するvyākaraṇaが、いわゆる「授記」につながる可能性をその最初から秘めていたことになり、そのような用例が実際に初期経典に見られる。そして「予言」としての授記は、仏伝の場合、燃灯仏授記がその最初ということになる。説話文献でブッダが様々な記別を授ける話は枚挙に暇がないが、その多くは転輪王や独覚の記別であって、成仏の記別の用例はほとんどない。仏と阿羅漢との区別が厳密であった伝統仏教では当然だ。ところが大乗経典で成仏の授記は一般化し、法華経では声聞に対する成仏の授記として多用されている。

　般若経系の経典である維摩経では、声聞が徹底的に虚仮《こけ》にされ、声聞の代表であるシャーリプトラにいたって、それは頂点を迎える。般若経や維摩経は小乗（声聞乗・縁覚乗）の否定の上に大乗（菩薩乗）を立てるが、法華経は三乗の否定の上に一乗を立てるのではなく、方便品で見たように、「本来は一乗しかないが、方便として三乗を説いた」という立場をとるので、三乗を一乗に収めとるのが基本的スタンスであり、三乗の別を解消しようとするのが法華経の立場なのである。

三乗と一乗との関係は「三車火宅の喩え」で説明される。火事に気づかず火宅で遊ぶ三人の子どもたちを、父親がそれぞれ彼らの好きな羊車《ようしゃ》・鹿車《ろくしゃ》・牛車《ごしゃ》（三乗）で誘いだし、最後に大白牛《だいびゃくご》車《しゃ》（一乗）を与えたという喩えである。子ども（有情）たちの機根に合わせて三車（三乗）を用意したが、真に父親が与えたかったのは大白牛車（一仏乗）だったというわけだ。この三乗と一乗の関係は、さらにこのあと「化城宝処の喩え」で説明される。ここでは隊商主が大きな隊商を率いて宝島に出発し、その途中で大きな森林荒野が現れ、それを見た隊商は引き返そうとするが、隊商主は神通力で都城を化作し、隊商を励まして、とにかくその都城まで行くよう彼らを励まし、同じ手順で順次、彼らを誘導するという譬喩が説かれている。

この譬喩を手がかりに、般若経と法華経の説く三乗の関係を比較してみよう。般若経は小乗（声聞・縁覚）を否定して大乗を説くので、これを道に喩えるなら、二本わかれている道がある場合、一方は小乗に通じる間違った道だが、もう一方は大乗に通ずる正しい道とする考え方である。一方、法華経の場合は、最初から一本の道しかない。つまり、声聞乗や縁覚乗はその一本しかない道の「通過点」に過ぎず、そこを「最終的なゴール」と見誤ることの非が説かれるのである。よって、その道自体は間違っていないということになる。

よって、無上正等菩提を得るには、般若経の場合、誤った道を進んだならば、分岐点まで引き返して正しい道を歩みなおさねばならないが、法華経の場合、道は最初から一乗という一本道しかないので、その途中で止まることなく、その道をさらに歩きさらなければならないということになる。問題は、般若経の場合は「誤った道を進むこと」であり、法華経の場合は「化城（通過点）を真城（ゴール）と見誤ること」となる。こう考えれば、般若経の場合、一乗は二乗と別に存在することになるが、法華経の場合、二乗（小乗・大乗）や三乗（声聞・独覚・菩薩）は一乗（仏乗）に包摂される。

先ほど、シャーリプトラがブッダにさらなる説法を懇願する場面で、「世尊の声聞の中には、我見・有見・無見の邪見をすべて捨て去り、自分たちはすでに涅槃の境地に入ったと自認する二千人の比丘たちがいます。いまだかつて聞いたこともないような法を世尊から聞いて、彼らは疑惑を抱きました」という件を紹介したが、これを「化城宝処の喩え」でいうなら、最終ゴールだと思っていた地点がそうではなかったと知らされたがための疑惑と理解できる。ともかく、法華経におけるシャーリプトラへの授記は、ブッダが五比丘に最初の説法を行い、それを聞いたカウンディンニャがまず覚りを開いて阿羅漢になったという仏伝の記述に相当するとみなせよう。

④信解品［4］〜授記品［6］……五比丘の覚り

内容　信解品［4］　ブッダからシャーリプトラに成仏の記別が授けられ、また第二の法輪である法華経の教えが開陳されると、スブーティ、カーティヤーヤナ、カーシャパ、マウドガリヤーヤナの四人は喜び、「我々はすでに涅槃に達したと思って、無上正等菩提への精進努力を怠ってしまいました。なぜなら、我々はすでに涅槃を獲得したと思いこみ、また老いぼれてしまったからです。しかし今、声聞たちも無上正等菩提を獲得することができると聞き、立派な宝を得ました」とブッダに告げた。つづいて自分たちがブッダの教えを理解した様《さま》を「長者窮子の喩え」で説明する。

薬草喩品［5］ ブッダはカーシャパに、如来の説法を「三草二木の喩え」で説明する。この地上には条件が異なる様々な場所に様々な種類の植物が生育しているが、そこに雲が起こり、いたる所で同時に雨が降り注げば、それらの植物は、その力量や場所に応じて、その雨から水の要素を吸いあげる。生長の仕方はそれぞれ異なるが、それらを生長させたのは同一味の水である。これと同じように、如来の説く法もすべて解脱・離貪・涅槃等の同一の味を有するものであり、その同一味を持つ法が、様々な機根を持つ衆生に雨のごとく降り注ぐと言う。つづいてブッダは「生盲の喩え」で、生まれつきの亡者も医者の慈悲によって視力を回復し、さらに聖仙の教えと自らの修行とによって五神通を得ると説くが、生盲とは輪廻する有情、医者は如来、また視力を回復した者は声聞と独覚のことであり、彼らは如来に教導されて空を覚り、菩薩になると言う。

授記品［6］ ブッダはカーシャパに成仏の記別を与え、つづいて、スブーティ、カーティヤーヤナ、そしてマウドガリヤーヤナの順に成仏の記別を授けた。

比較　信解品から授記品の三品にわたり、スブーティ、カーティヤーヤナ、カーシャパ、マウドガリヤーヤナの四人に対する授記が説かれる。シャーリプトラへの授記を仏伝のカウンディンニャの覚りに比定している研究者もいるが、その他の四人の声聞に対する授記については仏伝と対応させていない。しかし仏伝という視点から見れば、シャーリプトラとこの四人の声聞を合わせた五人は、仏伝の五比丘に見事に対応している。

法華経にはかなりの先行研究が、あるが、これを五比丘の覚りに同定した研究は一つもない。横超［1969: 52-53］はここでの授記を、「個別的な例証としてはシャーリプトラへの成仏授記で充分だが、趣意を徹底させるために四人の声聞に対しても成仏授記の話がここに見られる」と説明するが、ではなぜ「四人」だったのか。趣意を徹底させるためなら、三人でも六人でもかまわないはずだ。しかし、法華経が仏伝を下敷きにしているなら、当然ここでは「四人」という数にこそ意味があり、これ以外の数はありえない。

⑤五百弟子受記品［8］……ヤシャスの出家とカーシャパ兄の回心

内容　つぎに化城喩品［7］がくるが、これは仏伝の流れから外れ、挿話と位置づけられるので省略し、ここでは仏伝で五比丘の覚りのあとの「ヤシャスの出家」と「ウルヴィルヴァー・カーシャパの教化譚」に対応する五百弟子受記品の内容を見ていく。十大弟子の一人であるプールナ・マイトラーヤニープトラは、方便の知見を内容とし、深い意味のこめられた教説、声聞たちへの授記等を聞いて歓喜し、ブッダを讃えた。すると、ブッダはプールナ・マイトラーヤニープトラの過去世における修行の様を解き明かす。すなわち、説法第一で有名な彼は、過去世においてもたくみに法を説く者で、多くの有情を教化し、また菩提に成熟させたのであり、過去七仏のもとでも彼は説法の第一人者であったとブッダは告げ、そして成仏の記別を彼に授ける。

そのとき、千二百人の阿羅漢たちは〈自分たちにもブッダが成仏の記別を授けてくれればよいのに〉と考えた。すると、ブッダは彼らの心を知り、カーシャパに向かって「彼ら千二百人に対しても記別を授けるだろう」と言って、まずカウンディンニャが、将来、普明と呼ばれる如来になることを予言したあと、つぎのように述べた。

「カーシャパよ、そこにはこの同じ〔普明という〕名前を持つ五百人の如来たちがいるだろう。ゆえに、五百人の偉大な声聞たちは皆、立て続けに無上正等菩提を覚り、すべての者が普明と呼ばれる如来になるのだ。すなわち〔大声聞とは〕ガヤー・カーシャパ、ナディー・カーシャパ、ウルヴィルヴァー・カーシャパ、カーラ、カーローダーイン、アニルッダ、レーヴァタ、カッピナ、バックラ、チュンダ、スヴァーガタなどをはじめとする五百人の自在者である」（SP 207.1-5）

そのとき、五百人の阿羅漢たちは自分たちに成仏の記別が授けられたのを聞いて非常に喜び、懺悔《さんげ》する。

「世尊よ、我々は常日頃より〈これは我々の般涅槃であり、我々はすでに般涅槃した〉という考えに馴れ親しんでしまっていたので、世尊よ、〔その〕過ちを我々は懺悔します。これは、世尊よ、私たちが〔真理に〕暗く、未熟で、道理を弁えない者だったからです。それはなぜかというと、世尊よ、我々は如来の知を覚るべきであったのに、このようなわずかばかりの知で満足してしまっていたからです」（SP 210.1–4）

つづいて、「衣裏《えり》繋珠《けいじゅ》の喩え」が説かれる。ブッダが前世で菩提心を発《お》こさせてくれたのに、それに気づかず、阿羅漢であることに満足していた彼らは、過去世で成熟させてもらった善根があると知らされ、また成仏の記別を授けてもらったことを喜んだ。

比較　横超［1969: 76–78］は、ここで三度目の授記が説かれた理由を二つあげる。一つはシャーリプトラおよび四大弟子だけでは不充分であり、他にも知名の弟子たちがいるから、彼らを無視するのは情において忍びないということ、もう一つは法華経は声聞の成仏を説くが、その普遍性を力強く人々の心に訴えるには数の多さが必要となり、したがって千二百人の阿羅漢にも成仏の記別が授けられることになったこと、だと言う。またブッダは最初に千二百人の比丘に記別を授けるとしながら、実際には五百人の比丘にしか記別を授けなかった理由を、「私見によればそれは経としてどちらでもよかった。五百という数は、仏滅後に五百人の阿羅漢があって遺教を結集したという伝説がある。そのために会座の千二百人を説こうとしていたところ急に遺弟五百人の阿羅漢のことが想起され、ついに以上のような混乱を生じたのではないかと思う」と説明する。

つづいて苅谷［2009: 203-212］は、この品自体が先の授記品［6］と同様に後代の挿入と考え、千二百人と五百人の齟齬について、本来この品は五百人の阿羅漢への授記を述べるべく創られたが、それが法華経に挿入される段階で、現行法華経全体の整合性を考慮し、序品や方便品で登場する千二百人の中にこの五百人が組みこまれたと説明し、この五百人とは、仏滅後、マハーカーシャパの呼びかけで開かれた結集に参加した五百の羅漢と、同一と言わないまでも深い関わりがあることを示唆していると指摘する。

ではこれを仏伝という視点から見ると、どのような解釈が可能だろうか。ここではまずプールナ・マイトラーヤニープトラに成仏の記別が授けられるが、これは仏伝では五比丘の覚りの直後に位置するヤシャスの覚りに相当する。そしてこのあとが問題なのだが、ブッダ自身「千二百人の阿羅漢に記別を授ける」と宣言しておきながら、実際に記別を授かるのは、カウンディンニャ等の五百人の阿羅漢たちである。仏伝ではヤシャスの覚りのあとに、カーシャパ兄とその弟子五百人の教化がつづくが、これが法華経のカウンディンニャ等の五百人の阿羅漢に相当すると考えられる。厳密に言えば、仏伝はカーシャパ兄と五百人の弟子（つまり五百一）、法華経はカウンディンニャをはじめとする五百人の阿羅漢（つまり五百）であるから、人数は法華経の方が一人少なくなるが、両者は対応していると考えられる。

さて、この「五百」という数は仏典では集団の数を表すときの定型的な表現であり、ここでの「五百」に特別な意味はないかもしれないが、法華経が仏伝に基づいているとすれば、それはカーシャパ兄の弟子の数を反映していることになり、意味のある数字となる。従来の研究では、この五百という数を仏滅後の結集に集まった阿羅漢の数と関連づけて考えているが、仏伝という視座から見れば、これはカーシャパ兄の弟子の数を前提にしていると見ることができる。法華経では、仏伝のようにカーシャパ兄につづく弟二人の教化譚に相当する話はないが、成仏の記別を授かる五百人の阿羅漢たちの中に「ガヤー・カーシャパ」と「ナディー・カーシャパ」が含まれているのはきわめて示唆的である。このように、プールナ・マイトラーヤニープトラに対する記別、およびカウンディンニャをはじめとする五百人の阿羅漢に対する記別は、仏伝のヤシャスの覚りとカーシャパ兄の教化譚という流れをふまえて構成されていると考えられるのである。

⑥授学無学人記品［9］……シャーリプトラとマウドガリヤーヤナの出家

内容　五百人の比丘に対して成仏の記別が授けられると、アーナンダとラーフラも自分たちに授記してくれるようブッダに懇願した。また二千人以上の有学・無学の声聞たちも無上正等菩提の記別を授けてほしいと考えた。すると、ブッダはまずアーナンダに成仏の記別を授ける。すると、その衆会の八千人の菩薩たちは考えた。

〈そもそも、私たちは菩薩に対してさえ、このような広大な予言をかつて聞いたことがない。ましてや、声聞たちについてはいうまでもない。これには、いかなる因やいかなる縁があるのだろうか〉（SP 218.6–7）

これをうけて、ブッダは自分とアーナンダが前世において空王《くうおう》如来のもとで菩提心を発こしたことを説く。このあと、ブッダはラーフラにも成仏の記別を授け、そして最後に二千人以上の有学・無学の声聞たちにも成仏の記別を授けた。

比較　ラーフラとアーナンダ、および有学・無学の二千人の比丘に対する授記は仏伝のカーシャパ三兄弟の教化のあとに位置する、シャーリプトラとマウドガリヤーヤナ、それに彼らの弟子たちの帰仏と覚りに相当する。ただここでは、残念ながら、仏伝に見られるシャーリプトラとマウドガリヤーヤナの弟子の数は二千人ではない。その数に関して、南伝の資料は「二百五十」、北伝の資料は「五百」とし、「二千」とする資料はない。しかし、ここでラーフラとアーナンダに加え、二千人の比丘に対して授記がなされた点は、シャーリプトラとマウドガリヤーヤナに加え、彼らの弟子たちもあわせて帰仏し出家したとする仏伝と類似し、注目してよいのではないだろうか。

⑦提婆達多品［12］……デーヴァダッタの破僧（悪事）

内容　梵本の見宝塔《けんほうとう》品では後半に存在するが、ここでブッダはつぎのような過去物語を説いて聞かせる。ブッダは過去世で国王だったとき、無上正等菩提に心を発こし、「私に優れた法を贈り、その意味を教示すれば、私はその者の奴隷になる」と布告した。すると、一人の聖仙が自分に奴隷として仕えるなら法華経を説いて聞かせると言う。こうして、王は彼の奴隷として仕えた。そのときの王はブッダであり、聖仙はデーヴァダッタであったと連結（現在物語と過去物語との登場人物をつなぐ部分）で説明され、さらにつぎのような記述が見られる。

> 「実に比丘たちよ、デーヴァダッタは私の善知識であり、デーヴァダッタのお陰があればこそ私は六波羅蜜を成就し、偉大な慈・悲・喜・捨も、三十二の偉人相と八十種好も、金色の皮膚も、十力・四無畏・四摂事・十八不共法・大神通力、十方の有情の救済も、すべてはデーヴァダッタのお陰［で成就できたの］だ」（SP 259.2–6）

従来、悪玉として有名なデーヴァダッタは、法華経で善玉として生まれ変わる。そしてこれにつづき、デーヴァダッタにも成仏の記別が授けられる。このあと、法華経を信受する者は誰でも三悪趣に堕ちず、仏国土に生まれるとブッダが告げる。すると、ブッダの言葉を裏づけるように、文殊に法華経を以て教化されたサーガラ龍王の娘が現れ、ブッダに宝珠を布施すると、女身を捨て去り男性となるや、自ら菩薩であることを示し、南方の無垢世界において覚りを開き法を説いている様を皆に見せたのであった。

考察　提婆達多品は後世の付加とされるが、この品の存在理由について横超［1969: 96］は、「法華経の根本精神よりすれば、デーヴァダッタも決して仏の慈悲に漏れるものではなく、悪逆の者もついには経力によって成仏せしめられるし、また龍女成仏に関しては、女性不成仏の俗信に対抗し、一乗思想から女性もまた成仏に漏れるものではないことを主張したからだ」と説明する。これを敷衍すれば、阿羅漢作仏の道を開いた一乗思想のさらなる展開として、悪人成仏と女人成仏を唱導したということになるであろうか。

さて提婆達多品の位置だが、これが後代の付加であってもなくても、収まるべき場所はこの辺りにしかない。法華経が仏伝に基づいて編纂されているという仮説に基づいて悪玉デーヴァダッタの登場場面を考えると、それはシャーリプトラとマウドガリヤーヤナの帰仏と覚りよりはあと（破僧でデーヴァダッタが連れだした比丘たちを呼び戻すのは、シャーリプトラとマウドガリヤーヤナだから）であり、またブッダが涅槃に入るよりは前（ブッダが死んでしまえば、ブッダに悪事を働けないから）でなければならない。とすれば、さしずめこのあたりが絶好の場所と言えそうだ。

では、デーヴァダッタへの成仏の授記は何を意味するのか。横超は「悪人成仏」の主張と説明するが、はたしてそうか。初期経典以来、デーヴァダッタは悪玉に仕立てられ〔平岡［1993］〕、数々の悪事を働いたことは数多の仏典の説くところであるが、法華経でのデーヴァダッタの位置づけは、「悪人」の代表ではなく「独覚」の代表と考えられるのである。法華経〔広義〕の中の法華経〔狭義〕ともいうべき方便品の核は、小乗大乗対立の仏教を一仏乗に統合することにあった。これまで見てきたように、小乗の一つである声聞については、阿羅漢を中心に様々な有学・無学の声聞たちに記別が授けられてきたが、小乗のもう一つの重要な存在「独覚」への授記はこれまで一度も説かれていなかった。初期経典中において独覚となった仏弟子の存在は知られていないので、説きたくても説けなかったというのが実情かもしれない。

しかし、仏伝をベースにしながら、三乗を一仏乗に摂することをテーマとする法華経としては、仏弟子であって、なおかつ独覚である者の存在がどうしても必要であったと考えられる。問題はそのような都合のよい仏弟子がいたのかどうか。実は「いた」のである。それがデーヴァダッタであり、いくつかの仏典にデーヴァダッタが独覚になる話が見られる。まずは根本有部律破僧事の用例から紹介する。破僧を企てたが、失敗に終わったデーヴァダッタが自らブッダを殺しにやってくる場面である。

〈デーヴァダッタがやってくるのを見て、〉世尊は〈如何なる心で彼は私に近づいてきたのか〉

と考えられた。すると、殺人の心〔で近づいてくるの〕が分かった。そこで世尊は足の裏から膝頭まで水晶作りの足を化作し、黙って住していた。彼は世尊の足を爪で引っかこうとしたが、彼の爪は折れてしまい、〔逆に自分が〕毒に中《あ》たって言った。「お前に帰依する。お前は「仏に帰依する者は悪趣に赴かない」と言ったな。もしも私が悪趣に赴いたなら、お前は嘘をついたことになる」と。

〔この言葉を〕発することで〔機縁が〕熟した業は、たちどころに〔デーヴァダッタの〕身体に襲いかかった。彼は生きながらにして阿鼻〔地獄〕の火に包まれ、「熱い、アーナンダよ！熱い、アーナンダよ！」と叫び声をあげはじめた。そのとき、慈悲深く、慈愛を本性とし、〔他人をも〕身内のように慈しむ同志アーナンダは、「さあデーヴァダッタよ、如来・阿羅漢・仏に帰依せよ」と言った。彼は苦痛に苛まれながら、目の前で〔自らの業〕果〔が熟するの〕を見て、誠の心を起こし、「この私は全身を以て仏・世尊に帰依いたします！」と言葉を発した。〔こう〕いうと、身体ごと阿鼻大地獄に堕ちていったのである。

そこで世尊は比丘たちに告げられた。「比丘たちよ、デーヴァダッタは善根を取り戻した。彼は一劫の間、阿鼻大地獄に留まった後、独覚の覚りを作証し、アスティマットという独覚になるだろう。彼は正覚を得るや否や、施食を一隅に置き、両手を擦りながら、〈どうして私は長夜にわたって輪廻を流転していたのであろうか〉と精神を集中する。精神を集中しながら〈生まれるたびに私は、世尊が菩薩であったときも、一切の所知に関して自在を獲得されたときも、彼に挑戦し、また財利や尊敬を〈手に入れようとした〉ためである〉と知るのである。彼はその一つの施食をも口にすることなく上空に舞いあがると、火・熱・雨・雷といった神変を現し、無余なる涅槃界に般涅槃するだろう」(SBhV ii 261.11-262.12)

同内容の話は、他の文献にも見られる(Mil. 111.4-16; Dhp-a. i 48.2-3)。とすれば、法華経でデーヴァダッタに成仏の記別を授ける意図は、「悪人成仏」ではなく「独覚成仏」であり、こう解釈した方が三乗を一乗に摂することを主題とする法華経の趣旨に合致する。もし原始法華経最初期の編纂時より遅れてデーヴァダッタの独覚授記の伝承が成立したか、あるいは原始法華経の編纂後に後代の編纂者がこの伝承を知ったとすれば、三乗の一仏乗への統合を主題としながら、声聞に対する成仏授記のみで独覚に対する成仏授記を説かない法華経に不足を感じ、法華経の完成度をより高める目的でこの話をここに挿入した可能性もある。ともかく、現時点では法華経に見られるデーヴァダッタ伝承を「独覚成仏」と解釈する方が、法華経の趣旨に合致していることは確かだ。

⑧勧持品〔13〕……カピラ城帰郷

内容　この品は、薬王菩薩と大楽説菩薩が従者である二百万の菩薩とともに、つぎのような誓いの言葉を述べる場面からはじまる。

「どうか世尊はこの〔仏滅後の法華経弘通の〕ことで心配なさいませんように。世尊よ、如来が般涅槃されたあと、私たちがこの法門を衆生に説示し、説明するでしょう。さらにまた世尊よ、その時代の有情たちは悪意があり、善根は少なく、高慢で、利得と名誉にとらわれ、不善根を行い、調御しがたく、信解の志向を欠き、信解の意向も強くないでしょう。しかし、世尊よ、私たちは忍耐力を発揮して、そのような時代にもこの経典を解説し、受持し、説明し、書写し、恭敬し、尊重し、尊敬し、供養するでしょう。また、世尊よ、私たちは体と命を抛《なげう》ってこの経典を説き弘めるでしょう。どうか世尊はこのことで心配なさいませんように」(SP 267.2–9)

その後、他の有学・無学の比丘五百人と、ブッダに成仏の記別を授かった有学・無学の比丘八千人も、娑婆世界以外の世界で法華経の弘通に努めることを誓う。そのとき、ブッダは養母であった比丘尼マハープラジャーパティーが〈自分には授記されなかった〉と落胆しているのを知り、彼女に成仏の記別を授け、さらにかつて妻であった比丘尼ヤショーダラーも同様に落胆しているのを知ると、彼女にも成仏の記別を授ける。この他にも八十万億ナユタの菩薩たちがいたが、彼らも法華経の弘通を誓う。

考察　最初の二人の菩薩の誓いにあるように、この品では仏滅後の法華経弘通がテーマになっているが、仏伝という視座から見れば、涅槃を扱う如来寿量品［16］が近づくにつれ、この品あたりでブッダの入滅をにおわせる記述が見られることは興味深い。周到な準備のもとにプロットが組み立てられ、話が進行しているとも解釈できる。この品に登場するマハープラジャーパティーとヤショーダラー、それから少し遡って提婆達多品［12］のデーヴァダッタ、さらにもう少し遡って授学無学人記品［9］のアーナンダとラーフラは皆、シャーキャ族に関係のある人物であることを考えるなら、そして法華経が仏伝を前提として作られたという仮説に立つなら、これはブッダのカピラ城帰郷を下敷きに構成されていると解釈することが可能となる。

破僧とカピラ城帰郷の前後関係は不明だが、両者ともシャーリプトラとマウドガリヤーヤナの出家帰仏譚のあとであることを確認しておけば、法華経における仏伝の出来事の流れを考えるうえで充分である。なぜなら、いずれにおいても、デーヴァダッタにしたがった比丘を連れ戻し、ラーフラを出家させるという重要な役割を演じるのはシャーリプトラであり、破僧とカピラ城帰郷の前にシャーリプトラとマウドガリヤーヤナが出家さえしていれば、あとの話の流れに支障はないからだ。大事なのは「破僧」と「カピラ城帰郷」の前後関係ではなく、「シャーリプトラとマウドガリヤーヤナの出家帰仏」と「破僧とカピラ城帰郷」の前後関係である。よって、仏伝という視座から見れば、法華経の提婆達多品［12］は「シャーリプトラとマウドガリヤーヤナの出家帰仏」に相当する授学無学人記品［9］の前には入りようがないのだが、カピラ城帰郷に相当する勧持品［13］の後ろには入りこむ可能性があったと言えるだろう。

⑨如来寿量品［16］……般涅槃

内容　智顗《ちぎ》の「迹門《しやくもん》／本門《ほんもん》」の分類にしたがえば、本門の中心がこの如来寿量品である。ブッダの入滅は、仏伝でもとくに重要な出来事であるから、法華経でもこれに相当する如来寿量品の位置づけはきわめて重要である。ブッダは菩薩の全集団に「善男子よ、私を信用せよ。真実の言葉を語る如来を信じよ」と三度述べ、それに答えて菩薩の集団が「世尊はそのわけをお話しください。善逝はお話しください。私たちは如来の所説を信じます」と三度懇願すると、ブッダは自らの涅槃について話をはじめる。梵天勧請に相当するシャーリプトラの説法懇願もそうであったが、このような「三度の懇願」は、これからなされる説法がきわめて重要であることを告げる予兆となる。そしてそこで明かされる真実、それは聴衆の予想をはるかに越えるものであった。

「善男子よ、この天・人・阿修羅を含む世間の者たちは、〈シャーキャムニ世尊・如来はシャーキャ族の家から出家され、ガヤーと呼ばれる大都城の近くの、もっとも優れた菩提座に登って、今〔はじめて〕無上正等菩提を覚られた〉と思っているが、そう見てはならない。そうではなく、善男子よ、実に私が無上正等菩提を覚ってから、何十万コーティ・ナユタもの劫が経過しているのである」（SP 316.1-5）

ここで、きわめてショッキングな事実が明かされた。ブッダはもうすでに遠い昔において無上正等菩提を覚っていたというのである。ここで覚りについての新たな事実がブッダ自身によって明かされたわけだが、この事実は涅槃に対する聴衆の解釈にも新たな変更を迫ることになる。ブッダは続ける。

「そのとき以来、善男子よ、私はこの娑婆世界や他の何十万コーティ・ナユタもの世界において有情に教えを説き、しかも善男子よ、そのあいだに私が称讃してきたディーパンカラ如来をはじめとする如来・阿羅漢・正等覚者たち、それら正覚を得た尊敬されるべき如来たちの般涅槃は、善男子よ、私が善巧方便を以て説法を完遂するために作りだし〔て説い〕たものなのである。（中略）如来はかくも遠い昔に覚りを開き、無量の寿命の長さを有し、常に現存しつづけ、般涅槃したことはないが、如来は〔有情を〕教化するために般涅槃してみせるのである。しかも、善男子よ、今もなお私の過去の菩薩行は完成されていないし、寿命の長さもまだ満ちてはいないのだ。善男子よ、私の寿命の長さが満ちるまでには、私にとって今からでも今までの二倍にあたる何十万コーティ・ナユタもの劫がかかるだろう」（SP 317.9–319.4）

つまり、この世における覚りが最初でないように、この世における涅槃が最後でもないと言う。換言すれば、まさにこの品名の「如来寿量」が示すとおり、「如来の寿命がこの娑婆世界での誕生から入滅に限定されるものではなく、誕生以前と入滅以後にも延長される」という新たな知見がブッダによって披瀝《ひれき》されたわけである。ではなぜ、ブッダは真の意味で涅槃に入ることがないのに、涅槃に入ると告げるのか。

「それはなぜかというと、善男子よ、私はこのような仕方で有情を成熟させるからである。〔すなわち〕私がきわめて長いあいだ〔この世に〕存在し続けると、有情は〔私に〕いつでも会えることで、有情は善根を積まず、福徳を欠き、貧窮し、愛欲を貪り、盲目となり、邪見の網に覆われ、〈如来は〔いつも〕おられる〉と考えて、〈彼らの私に対する〉感覚が麻痺することがないよう、また如来について会いがたいとの思いを起こさないということがないよう、さらに〈我々は如来の近くにいる〉と〔考えて〕三界から出離するために精進努力を起こさなかったり、如来は会いがたいという思いを起こさなかったりということがないように、である」(SP 319.5–9)

つまり、涅槃に入る姿を見せるのは、有情教化の巧みな方便というわけだ。これを説明するために「良医病子の喩え」を説いてこの品は終わる。これによれば、ブッダは久遠の過去にすでに覚りを開き、またこれから先の未来にも久しく存在し続ける仏ということになる。これはすでに仏伝の解説で述べたように、仏伝が誕生と入滅を越えて過去と未来に拡大していったのと呼応するように、法華経でも、今生におけるブッダの生涯は、誕生する以前の過去と入滅したあとの未来に向かって広がりを見せることになる。

考察　「如来の寿命の長さ」について、先ほどの引用の中に如来の形容句として「無量の寿命の長さ」という表現があった。これを文字どおり「無量＝永遠」と理解してよいかという問題はさておき、少なくともこの品が仏伝の涅槃に相当し、ブッダの入滅を扱っていることだけは確かである。小乗涅槃経には「望むならば、如来は一劫でも、この世に留まるであろうし、あるいはそれよりも長い間でも留まることができるであろう」という表現があるが、これは無限ではないにしても、きわめて長い期間、ブッダはこの世に留まることができることを説いており、法華経の記述と重なるところがある。ブッダの寿命が有限であれ無限であれ、この章ではその名の示すとおり、ブッダの寿命が問題にされ、有情を教化する方便ではあるが、ブッダは涅槃に入ると説くのであるから、これが仏伝の般涅槃に相当するのは確実である。

⑩分別功徳［17］……仏滅後

分別功徳品［17］～普賢菩薩勧発品［28］までの十二章は、仏滅後の仏教徒のあり方を問題にしている点で共通するが、分別功徳品［17］と随喜功徳品［18］と法師功徳品［19］の三章は法華経読誦等の功徳を説く点で一致している。ただ分別功徳品［17］では、法華経全体というより、この直前の如来寿量品［16］に限定して、その読誦などの功徳が説かれている。また常不軽菩薩品［20］以下では、おおむね具体的な菩薩に言及しながら、彼らの法華経護持の姿が描かれているが、分別功徳品［17］以下は仏滅後に法華経を護持することの重要性を説く点で共通している。なお、仏伝という視点からは分別功徳品［17］以下が仏滅後のことに相当するので、仏伝という視点からの考察はここまでとする。

三　法華経の成立

1　法華経の構造

構造分析の視座

以上の考察に基づき、法華経の全体図を俯瞰《ふかん》しておく。近現代の研究者でさえ、智顗（五三八―五九七）にはじまる「迹門／本門」や、道安《どうあん》（三一四―三八五）に始まる「序分《じょぶん》／正宗分《しょうしゅうぶん》／流《る》通分《ずうぶん》」という経典分類法を使って法華経の構造を理解するが、それはあくまで中国仏教や天台教学のパラダイムであるから、現代の研究者がそれに拘泥《こうでい》する必要はない。よって、ここでは従来とは違った観点から法華経の構造を分析するが、その前に法華経で説かれる過去物語を整理しておく。ここまでは仏伝という視点から法華経を分析してきた。よって、その分類も必然的にブッダの生涯にあわせたもの、すなわち、(一)ブッダが今世に誕生する以前の物語、(二)ブッダの今世における物語、そして(三)ブッダの滅後における物語、の三部構成となる。

(一)過去の物語……ブッダがこの世に誕生する以前の物語

①序品[1]……日月灯明如来による法華経説法 → 燃灯仏授記

(二)現在の物語……ブッダ在世の物語

②方便品[2]……シャーリプトラの三度にわたる説法懇願 → 梵天勧請

③譬喩品[3]……法華経の説法とシャーリプトラへの授記 → 初転法輪とカウンディンニャの覚り

④信解品[4]~授記品[6]……授記(1)(シャーリプトラ、)カーシャパ、スブーティ、カーティヤーヤナ、マウドガリヤーヤナ → 五比丘の覚り(阿羅漢)

⑤五百弟子受記品[8]……授記(2):プールナ → ヤシャス

⑥五百弟子受記品[8]……授記(3):カウンディンニャと五百人の阿羅漢 → カーシャパ兄とその弟子五百人

⑦授学無学人記品〔9〕……授記（4）：アーナンダとラーフラと比丘二千人 ↑ シャーリプトラとマウドガリヤーヤナとその弟子二百五十人

⑧見宝塔品〔11〕……授記（5）：デーヴァダッタは善知識 ↑ デーヴァダッタの破僧

⑨勧持品〔13〕……授記（6）：マハープラジャーパティーとヤショーダラー ↑ カピラ城帰郷

⑩如来寿量品〔16〕……久遠実成 ↑ 般涅槃

（三）未来の物語……ブッダの滅後における物語

・分別功徳品〔17〕以下……法華経護持の功徳および正法滅後の仏教徒のあり方

このように整理してみると、「迹門／本門」や「序分／正宗分／流通分」という従来の分類形式では見えてこなかった法華経の新たな姿が浮かびあがってくる。この事実から、我々は法華経の成立に関する何らかの手がかりを得ることができるだろうか。

法華経の新古層

現行の法華経が段階的に形成されていったのか、あるいは、ある一定の比較的短い時期に形成されたのかは、今もなお研究者の間に議論の絶えないところである。今ここでもこの問題をとりあげるが、とうてい決定的な結論を導きだすことはできない。しかし、仏伝にも発展段階があるから、それに基づいて法華経成立に関する様々な可能性を模索してみよう。末木［2009: 60–78］は従来の説をつぎのようにまとめている。

迹門

- 序品［1］ ――― 第二類
- 方便品［2］
- 譬喩品［3］
- 信解品［4］
- 薬草喩品［5］
- 授記品［6］
- 化城喩品［7］
- 五百弟子受記品［8］
- 授学無学人記品［9］

（方便品［2］～授学無学人記品［9］） ――― 第一類

- 法師品［10］
- 見宝塔品［11］
- 提婆達多品［12］
- 勧持品［13］

安楽行品〔14〕

本門

従地涌出品〔15〕
如来寿量品〔16〕
分別功徳品〔17〕
随喜功徳品〔18〕
法師功徳品〔19〕
常不軽菩薩品〔20〕
如来神力品〔21〕
嘱累品〔22〕

第二類

薬王菩薩本事品〔23〕
妙音菩薩品〔24〕
観世音菩薩普門品〔25〕
陀羅尼品〔26〕
妙荘厳王本事品〔27〕
普賢菩薩勧発品〔28〕

第三類

このうち、第三類は成立が遅れ、第一類と第二類では、第一類のほうが成立が早いと考えられている。最近は二十七品（提婆達多品を除く）全体、あるいは少なくとも第一類と第二類は同時に成立したとする説も有力だが、まだ決定的な説は現れていない。思想面や内容に踏み込めば、様々な見方が可能だ。しかし、本書で見てきたように、法華経が仏伝に基づいて編纂されているという前提に立てば、仏伝という「枠組」から法華経の成立はどのように考えられるだろうか。ここでは従来の思想的な（あるいは内側からの）アプローチではなく、あくまで「枠組」という外側からの考察を試みる。

仏伝と一口にいっても多種多様だが、成立史的に現存の資料の中でもっとも古いのは『律蔵』「大品」の記述である。ここではブッダの成道からシャーリプトラとマウドガリヤーヤナの帰仏までの事跡が時系列にそって記されているが、もしもこのような仏伝に準拠して最初期の法華経ができあがっているとするならば、法華経の中でもっとも成立の古い部分は、仏伝の成道から初転法輪に相当する方便品［2］から、シャーリプトラとマウドガリヤーヤナの帰仏に相当する授学無学人記品［9］までの八品ということになり、右記の第一類にうまく符合する。このうち、化城喩品［7］は直接、仏伝とは関係のない挿話的な部分であるから、これを除くと七品となる。これは本章で紹介した「経典の成立」の「（二）方便品から人記品までは一つのグループであり、法華経の核として位置づけられる」とする従来の説とほぼ一致する。

一方、法華経の成立を遅くとらえ、法華経が準拠した仏伝がすでに燃灯仏授記から般涅槃までを具えていたと仮定した場合、序品［1］から如来寿量品［16］までが最初期の段階で成立していたと見ることも可能だ。ミクロな視点で法華経を見れば、韻文と散文の違い、あるいは言語や思想の違いから、法華経に断層を見出し、そこから法華経の成立の問題を考えることもできるが、マクロな視点から法華経を見るかぎり、大枠は仏伝に基づいていると考えられるので、最後の六品は別にしても、序品［1］から嘱累品［22］まで同時に成立したとする見方も充分可能となる。

さらに、最初期の法華経成立時に、すでに見た（一）ブッダがこの世に誕生する以前の物語、（二）ブッダの今生における物語、そして、（三）ブッダの滅後における物語、という全体像が視野に入っていたとすれば、二十八品同時成立説も可能となるが、嘱累品が第二十二章に位置していることを考えれば、あとの第二十三章以下は、法華経が成立したのち、新たに付加されたと見る方が自然であろう。

2　法華経編纂の意図

仏教史時空の再解釈

では法華経編纂の意図はどこにあるのか。これまで見てきたように、法華経成立に関しては、法華経が仏伝に基づいていると考えても、法華経が基づいた仏伝の内容如何によって、成立に関する答えは違ってくるので、かりに段階説を採るとすれば、編纂の意図も一様ではない。否、同時成立説を採るとしても、編纂の意図は複数存在する可能性は否定できないし、また法華経のような、優れて文学性に富む経典の編纂意図を一つに収斂することなど、そもそも不可能かもしれない。よって、ここでは、法華経が仏伝に基づいて編纂されたと考えた場合に浮かびあがってくる一つの意図を指摘してみたい。

ここでは法華経が仏伝に基づいて成立したことを論じてきたし、ある意味で法華経は仏伝であるとも指摘してきたが、それはたんなる仏伝、つまりブッダの生涯をただなぞった文献ではない。そこには、般涅槃に先だってブッダが法華経を説示した意味が深く関わっている。法華経における重要なテーマの一つは「一仏乗による大乗小乗の止揚」、すなわち、ブッダは巧みな方便を用いて大乗小乗（あるいは声聞・独覚・菩薩の三乗）を説いたが、実際は一仏乗しかないことを示すことにあった。

化城喩品［7］に見られる「化城宝処の喩え」が如実に示すように、法華経は最終目標を声聞（阿羅漢）や独覚の覚りではなく、その先にある「成仏」に置く。とすれば、法華経が説示された以上、通常の仏教史において阿羅漢となった仏弟子たちを阿羅漢のままで放置してはおけない。換言すれば、一般的に理解されている旧来の仏教史を方便としていったん解体したのち、それを法華経の説示によって再解釈し、仏教史を再生・刷新させようとしたのではないかという可能性が浮かびあがってくる。今、解体される伝統仏教を「旧仏教」、法華経によって指し示され、生まれ変わった仏教を「新仏教」として両者を比較すると、つぎのように対照できよう。

旧仏教：①四諦八正道の説示、②カウンディンヤ等の五比丘の教化（成阿羅漢）、③ヤシャスの教化（成阿羅漢）、④カーシャパ兄とその弟子五百人の教化（成阿羅漢）、⑤シャーリプトラとマウドガリヤーヤナとその弟子二百五十人の教化（成阿羅漢）、⑥破僧を企てたデーヴァダッタの悪玉化、⑦マハープラジャーパティーの教化（成阿羅漢）

新仏教：①法華経の説示、②シャーリプトラ等の五比丘の教化（成仏授記）、③プールナの教化（成仏授記）、④カウンディンニャとその弟子五百人の教化（成仏授記）、⑤アーナンダとラーフラとその弟子二千人の教化（成仏授記）、⑥破僧を企てたデーヴァダッタの善玉化、⑦マハープラジャーパティーとヤショーダラーの教化（成仏授記）

すでに考察してきたように、仏伝という視点から法華経を眺めると、旧仏教の成阿羅漢と法華経の成仏授記は見事なまでに対応する。法華経の従地湧出品［15］は、この時点の法華経の説法を成道後四十年ほどたってからなされたと説くので、法華経の説法はブッダが七十五歳から八十歳の間の出来事となる。つまり、これはブッダが三十五歳で成道し、五比丘をはじめ、マハープラジャーパティーたちを阿羅漢の覚りに導いたという四十年ほどのマクロコスモスを入滅前の法華経説法というミクロコスモスに凝縮し、登場人物こそ入れ変わっているが、仏伝を時系列で辿りながら、旧仏教をあらたに解釈しなおしていると考えられる。そして後半は、旧仏教を刷新したうえで、その法華経を仏滅後、如何に護持していくかという法華経護持の功徳が称揚されているのである。

こうして見てくると、法華経全体のテーマが浮かびあがってくる。すなわち、現在（第七章を除く第二章～第十五章）を軸に、過去（第一章・第七章）から現在、現在から未来（第十六章以降）へと法華経を以て仏教史の時空を再解釈し、刷新するという流れで法華経は貫かれていると考えられるのである。それは仏滅後という現在（つまり、当時の「現在」）の危機意識から出発し、現在から未来に向かっての法華経護持の正当性を主張するために、過去から現在を法華経で刷新する必要があったのではないか。こう考えると、現在から未来を扱うのが第十六章から第二十七章までの十二章、つまり全体の半分近くを占めているのも頷けよう。

登場人物に隠された意図

では最後に、仏伝と法華経の登場人物を比較し、そこから垣間見える問題点について考えてみる。その対照を示すと、次頁の表のとおり。

この比較からは、最後の三人、すなわちデーヴァダッタ、マハープラジャーパティー、ヤショーダラーを除いて、法華経の登場人物と仏伝の登場人物との間に、必然的な結びつきは見出せない。では、法華経に登場する人物の順番には何か意味があるのか。またシャーリプトラが最初に登場する必然性はどこに求められるのか。このような点について考えてみる必要がありそうだ。

法華経	仏伝
(日月灯明如来)	(ディーパンカラ仏)
シャーリプトラ	ブラフマン
[五比丘] シャーリプトラ カーシャパ スブーティ カーティヤーヤナ マウドガリヤーヤナ (大通智勝如来)	[五比丘] カウンディンニャ ヴァーシュパ バドリカ マハーナーマン アシュヴァジット (ヴィパッシン仏)
プールナ	ヤシャス
カウンディンニャ その弟子500人 (カーシャパ三兄弟とアニルッダなど11名)	ウルヴィルヴァー・カーシャパ
アーナンダ	シャーリプトラ
ラーフラ	マウドガリヤーヤナ
デーヴァダッタ	デーヴァダッタ
マハープラジャーパティー	マハープラジャーパティー
ヤショーダラー	ヤショーダラー

登場人物比較対照表1：(　)は過去物語の登場人物

法華経の登場人物は、最後の三人を除けば、後世、いわゆるブッダの主要な弟子として知られる人物だが、この顔ぶれから想起されるのは同じ大乗経典の維摩経である。そこで、「法華経の配役は、維摩経の登場人物および順番を意識して決められた」と仮定して論を進めてみよう。維摩経は般若経系の経典で、二乗を否定して一乗を宣揚し、またシャーリプトラをはじめとする仏弟子の声聞を次々に虚仮にすることでも有名だ。ではここで、この二つの大乗経典に現れる仏弟子をその登場順に並べて比較してみる。

法華経	維摩経
［五比丘］ シャーリプトラ カーシャパ スブーティ カーティヤーヤナ マウドガリヤーヤナ	［五比丘］ シャーリプトラ マウドガリヤーヤナ カーシャパ スブーティ プールナ
プールナ	カーティヤーヤナ
カウンディンニャ その弟子 500 人 (カーシャパ三兄弟とアニルッダなど 11 名)	アニルッダ
None	ウパーリン
アーナンダ	ラーフラ
ラーフラ	アーナンダ
デーヴァダッタ	None
マハープラジャーパティー	None
ヤショーダラー	None

登場人物比較対照表２

まったく同一ではないが、法華経と維摩経における仏弟子の登場順はほぼ対応しているように見える。ただ若干の問題も散見するので、この点をさらに考察してみよう。まずは五比丘の対応。そもそもシャーリプトラとマウドガリヤーヤナは初期仏教以来、セットで説かれるのが常であり、維摩経もこれを踏襲しているが、法華経のように両者を分けるのは異例である。また、法華経の五比丘に対応する仏弟子を維摩経に対応させると、カーティヤーヤナとプールナとの間で入れ替わりが確認される。すなわち、法華経は五比丘の中にカーティヤーヤナを含み、プールナを含まないが、逆に維摩経はプールナを含み、カーティヤーヤナを含まない。この異同をいかに考えるべきか。

プールナが法華経護持者の理想像として他の仏弟子と一線を画する扱いをうけていたことをふまえると、法華経編纂者は、自分たちの伝道の理想的人物を五比丘の中に埋没させるには忍びなかったために、維摩経のプールナ→カーティヤーヤナという順番をひっくり返し、五比丘の最後にカーティヤーヤナを含め、プールナを別出にしたのではないか。こう考えれば、五比丘に相当する法華経の声聞と維摩経で最初に登場する五人の声聞とは内容的に重なる。

つぎに問題になるのが、法華経のカウンディンニャと維摩経のアニルッダとの対応である。法華経ではカウンディンニャの弟子五百人の中にアニルッダが含まれているので、ゆるやかな対応は見られるが、ぴったりとは一致しない。これも想像の域を出ないが、法華経の場合は仏伝という仏教史を強く意識して編纂されたことはすでに見たとおりであるから、仏教史上、最初に覚りを開いて阿羅漢となったカウンディンニャは外せなかったと考えられる。また維摩経を意識していればこそ、「彼の弟子」という形でアニルッダに言及しているようにも思える。

つぎはウパーリンの存在である。維摩経はウパーリンに言及するが、法華経は彼に言及しない。一般的には「持律第一」として有名なウパーリンが維摩経に登場しているのに、なぜ法華経には顔を出さないのか。この点が謎だ。アーナンダとラーフラについては、順番が入れ替わるものの、法華経と維摩経との間ではほぼ対応しているとみなすことができる。また最後の三人（デーヴァダッタ、マハープラジャーパティー、ヤショーダラー）は維摩経には登場しないので、これは法華経独自の配役と考えてよい。

法華経の重要なテーマの一つは「万人成仏」だったが、旧仏教では悪玉として有名だったデーヴァダッタが成仏の記別を授かるのは、まさにこのテーマにそっている。ただし、デーヴァダッタが如何なる存在として成仏の記別を授かるかは明確ではない。悪人代表か、あるいは独覚代表か。本書では、一応、独覚代表として理解した。同じことは、マハープラジャーパティーとヤショーダラーについても言える。この二人が女性の阿羅漢を代表しているのか、あるいは女性一般を代表しているのか。即断はできないが、ともかく法華経の「万人成仏」というテーマを成就するには、デーヴァダッタ、マハープラジャーパティー、ヤショーダラーという三人は必要不可欠の存在であり、この三人に関しては維摩経とは別次元で法華経に組み入れられたと考えられる。

ここでは、「法華経は仏伝の主要な出来事をベースにしながら、その登場人物は維摩経に登場する仏弟子を順次配していったのではないか」という仮説を立てて考察してみた。その意図は、二乗（声聞・独覚）否定の大乗を説く維摩経や般若経のカウンターとして法華経が登場し、この二乗否定の大乗を改めて、あるいは大乗小乗の対立構造を持つ仏教を刷新し、二乗（小乗・大乗）あるいは三乗（声聞・独覚・菩薩）を統合した一仏乗を打ち立てようとしたと考えられる。平川［1983: 14］の説明に耳を傾けてみよう。

「ともかく般若経や維摩経の大乗は「大小対立の大乗」であるが、これでは小乗仏教は一方的に捨てられているのであり、小乗教徒を救済することはできない。とくに声聞を「敗種」として斥ける維摩経では、阿羅漢になった声聞は永久に大乗から排除されることになる。（中略）しかし声聞や縁覚を救済しえない大乗では、完全な大乗とはいえない。（中略）この点に反省がなされて、真の大乗には、小乗教徒も救われる教えがあるべきであるということになったのであろう。このような反省をもった一類の大乗教徒によって、「一切皆成仏」を説く一乗の教えが主張せられるようになったと考えられる」

さらに平川は、「一乗を説く法華経は、大小対立の大乗を説く初期の大乗仏教のあとに現れたと見るべきである。（中略）『道行《どうぎょう》般若経《はんにゃきょう》』の原形成立を西紀前後と見るならば、法華経の一乗説の出現は「西紀二世紀の前半」と見てよいと考える」と指摘する。

さて、法華経がシャーリプトラを対告者とする理由を、苅谷［2009: 61］は、「それは、もとよりこれからの所説内容が「仏智」を主題とするからであって、その場合、舎利弗は仏弟子の中でも智慧第一とされるところから、彼の智慧とこれから言及される仏智との間に雲泥の差のあることを際だたせるために他ならない」と思想的な観点から説明する。しかし、維摩経を意識して法華経が成立したと考えるなら、当然、最初に救済すべき仏弟子は、維摩経で徹底的に虚仮にされるシャーリプトラを置いて他になく、その彼にブッダが最初に成仏の記別を授けることは、維摩経に対する「あてつけ」「あてこすり」とも考えられるのである。

終章

大乗仏教、そして大乗経典とは？

大乗経典出現の背景

最後に本書をまとめるにさいし、まずは第二章で仏・法・僧の三宝にしたがって整理した「大乗仏教成立の前提」の順番をいったん解体し、大乗仏教の発生という観点からポイントを整理しなおしてみよう。大乗仏教の核は成仏思想にある。そして成仏するためにはブッダにならい、菩薩になる必要があった。こうして菩薩思想が展開する。そして、伝統仏教と差異化するために、三乗思想で自らの立場である菩薩を声聞・独覚の上位に位置づけた。また菩薩になるためには、これもブッダの前例にならい、仏に会う必要がある。そこで、消滅する色身に代わって不滅の法身を誕生させ、これをもとに二身説や三身説が展開した。またこの発展系として現在多仏思想も誕生する。こうした新たな思想に正統性と権威を持たせるためには仏説という経典で説かれる必要があるが、幸いなことに伝統仏教の時代から、仏説の「仏」は「ブッダ」に限定されていたわけではなく、法性（道理）に叶えば仏説であるという見解も大乗経典の誕生に貢献した。

これを念頭に置き、本書の要点を最後にまとめておく。Buddhaの用例を検討したさい、古層の文献には仏弟子もBuddhaと呼ばれていたが、ブッダの神格化や教団の組織化にともない、Buddhaは固有名詞化されてブッダのみを指し示す呼称となり、その結果、仏弟子の最高位は阿羅漢になることとされた。これが伝統仏教の最終目標。この価値観にしたがうかぎり、ブッダが入滅してもとくに支障は生じない。なぜなら、阿羅漢になるために、生きたブッダは必要ないからだ。修行して阿羅漢果を獲得すればよい。

しかし、成仏を目指すなら話は別である。二千年以上前のインド仏教でも、前例主義はあった。過去仏思想を説く大本経《だいほんぎょう》では、ブッダに先立つ過去仏は皆、ブッダの伝記を踏襲した生涯を送っているし（物語の時間では過去仏がブッダに先立つが、現実の歴史の時間ではブッダが過去仏に先だつ）、過去仏の前例にならい、ブッダは舎衛城での神変を示現している。この前例主義（現在から過去）は、逆から見れば、つまり過去から現在という視点で見れば、「普遍性の強調」となる（平岡［2012: 290（12）］）。ともかく、伝統仏教の伝承にしたがえば、ブッダは過去世で燃灯仏と出会い、彼のもとで誓願を立て、菩薩としてその誓願を実現するために修行を重ね、その結果、仏となったのであるから、大乗教徒も成仏を目指すなら、まずは仏に出会い、誓願を立てて菩薩になる必要がある。となると、無仏の世では都合が悪い。かくして、法身を核に「仏の常住」、あるいは「現在他方仏」が大乗仏教で重要なテーマになったのである。

また大乗仏教、あるいは大乗経典出現の背景には法滅、すなわち正法の滅亡という時代的危機意識も考慮しておく必要があるだろう。大乗経典は法滅にしばしば言及し、それと呼応するかのように、新たな大乗経典が正法（saddharma）として登場する。法華経の正式名称は「妙法蓮華経（Saddharma-puṇḍarīka-sūtra）」であるから、経名からしてその最たるものであるが、伝統仏教の律文献にしたがえば、女性が出家したことにより、本来なら千年続くことになっていた正法は五百年しか続かなくなってしまったことがブッダ自身によって語られる。

正法が滅する時期に関しては資料によって異なるが（Nattier［1991: 27–64］）、『律蔵』などはこれを五百年とする（Nattier［1991: 28–29］）。さて問題は仏滅年代であるが、これには準拠する資料によって二つの異なった説、すなわち、紀元前四八三年説（南伝資料）と紀元前三八三年説（北伝資料）とがあり（中村［1992a: 107–114］）、かりに前者をとるなら、その五百年後は紀元前後、すなわち大乗経典出現の時期と重なる。平川［1989: 157–162］はこの問題を論じる中で大乗経典の出現をもっと早い時期に設定するが、正法が仏滅後五百年に消滅するという時代的危機意識が大乗の出現に大きな影響を与えた可能性は大いにある。日本において末法思想（末法元年は一〇五二年）が法然浄土教誕生の要因となったように。

純粋な危機意識から新たな経典を創作したのか、あるいはこの伝承を利用し、正法が滅するのをよいことに新たな経典を創造したのかは不明だが、ともかく大乗経典の出現に関しては、このような時代背景も視野に入れておく必要があるだろう。渡辺［2011: 89］はこれを「正法の滅尽に結びつけた新たな教え（正法）の再興」と表現しているが、この表現を少し変え、ここでは「正法（伝統的なブッダの教え）の滅尽に結びつけた、新たな正法（大乗の教え）の再興」と表現しておく。

そこでつぎに問題になるのが、その「新たな正法」である大乗経典の創作である。経典である以上、形式的には「仏説」でなければならないが、歴史的ブッダは入滅して三世紀以上が経過している。すでに見たように、仏滅後の仏教史の中で、「仏説」の「仏」を歴史的ブッダに限定することに関しては、それほど厳密ではなかった。南伝のニカーヤや北伝の阿含の中には「仏説」を緩やかに解釈する用例も見られたし、南方上座部では明らかに仏説ではない文献が経蔵の『小部』には多数含まれていたし、また説一切有部ではアビダルマ論書さえ仏説とみなそうとする動きもあった。また法身という仏身観も伝統仏教の中に胚胎していたとすれば（新田［2004; 2013］）、すでに伝統仏教の中に大乗経典を生み出す土壌は整っていたというべきであろう。

〈父〉としての大乗経典

とはいえ、新たに創作される大乗経典は、種々の問題はあったとしても、仏説の本家である初期経典（ニカーヤやアーガマ）に比しての、権威や正統性が問題になる。経典とは本来、その開祖であるブッダの言動を弟子たちが編纂したものであり、経典の権威は「仏が説いたもの」、すなわち「仏説」という点で保証されている。第一結集において経と律とが編纂され、経はかつて九分教あるいは十二分教という分類にしたがって整理された痕跡が窺えるが、現存する体系的な経典は南方上座部の五部ニカーヤであり、そこに納められた大部な経典は、その編纂過程で紆余曲折はあったとしても、すべて南方上座部に所属する経典である。

現存していなくても、二十の部派はそれぞれの経典の集成を保持していたはずであり、多少の増広改変を蒙っているとはいえ、どの部派の経典もその根っこは第一結集に遡る。この意味で、初期経典と総称される経典群はどの部派の経典であれ、出自がともかく明確なので、ことさらにその権威・独自性・正統性を強調する必要はない。ところが大乗経典となると、事態は一変する。本書で考察したように、仏伝を意識しているとはいえ、大乗経典に歴史的正統性はなく、紀元前後以降、新たに創作された経典であるため、大乗経典作者にとって、自ら創作した経典の独自性や正統性は常に問題視せざるを得なかったに違いない。

近年、大乗経典を興味深い視点から考察したコール（Cole [2005]）は、法華経に説かれている「父／子」関係の譬喩を手がかりに、「父と子」の関係が「経典（父）とその読み手（子）」の関係とパラレルであるという視点から、法華経のみならず、他の大乗経典の性格を読み解いた。父は「権威（authority）」と「正統性（legitimacy）」の象徴だが、大乗経典作者や大乗教徒たちは自らが信じる教えに権威と正統性を求める中で大乗経典という父を創り出したとも考えられる。

換言すれば、仏教を生み出した「母」、すなわち既存の仏教は、大乗教徒たちの前にも現前の事実として存在していたが、そこから革新的な展開をとげようとすれば、それを支持する新たな権威と正統性、すなわち「父としての経典」が必要になる。こうして様々なグループが自らの権威と正統性を求めて個々の大乗経典を創作していったとすれば、大乗経典はみな「異父兄弟」であるという見方も成立する。

ではこれをふまえ、序章で取りあげた大乗経典の「委嘱」の問題をふたたび取りあげてみよう。大乗経典の特徴は経典の中で経典自身に言及することがよくあり、これをふまえて、コールは大乗経典を「自己再帰説話（self-reflexive narratives）」と呼んでいる（Cole [2005: 14]）。この傾向は、ここで取りあげた大乗経典の中でも法華経と大乗涅槃経において顕著であり、経典の中でしばしば「自らの経典」に言及する。多くの大乗経典は、経典中でその経典護持の功徳を称揚したり、またその最後では、その経典の護持をブッダ自身が誰かに委嘱するが、これも「自己再帰」の例であり、これにより大乗経典は自身を正当化し、弘通しようとしているとコールは指摘する。だがこれは、逆に言えば、大乗経典が自らの正統性のなさを露呈しているとも言えるのであり、伝統仏教の既成の経典を意識しての言説と理解できる。

誰がどのように大乗経典を創作したか

そしてこの「自己再帰」の傾向は、もう一つ別の問題を提起する。それは、誰がどのように大乗経典を創作したかという問題である。平川説以降、大乗経典はふたたび出家者との関わりの中で議論されるようになっているが、それはある特定の部派の出家者がある特定の大乗経典を創作したのか、あるいは部派を越えた出家者たちが複数関わって大乗経典を創作したのかという問題である。一口に大乗経典といっても分量は様々であり、阿弥陀経のような小部のものから法華経のような中部のもの、そして大般若波羅蜜多経のように大部なものまで幅が広い。その内容に目をとおせば、伝統仏教の経や律には見られない大乗独自の言説にあふれているのは確かだが、そのすべてが大乗仏教独自の創作ではなく、中には伝統仏教の資料からの借用も見られる。

たとえば法華経には説一切有部と関連の深い記述が数多く見られる一方、数は少ないが、説一切有部とは相容れない記述や、大衆部系の『大事』に由来するような記述も見られる（平岡［2012: 237-254］）。また大乗涅槃経は大衆部系の資料や思想との深い関連が確認される一方で、説一切有部と親和性のある記述も存在することは本書ですでに指摘したとおりである。したがって、単純に特定の部派と特定の大乗経典とを直線的に結びつけることはできない。intertextuality（テクスト間の互換性）の中で大乗経典は編まれているのであり、結果として大乗経典は、intertexture（混織地）に仕上がっている。

下田［2011a: 59］は大乗仏教出現の背景として、経典の伝承が口伝から書写に移行したことを重要視し、「閉じた共同体の存在を前提とする口伝では異なる伝承の融合は起こりにくいが、書写されると、諸系統の伝承は同等の権利をもった仏説として相互に参照され、影響を与えあう関係に立つ（取意）」と指摘する。intertextuality の背景には、このような伝承媒体の変容も考慮する必要があるだろう。

経典の書写については、写本研究の立場から、松田［2011: 170-171］が興味深い報告をしている。松田はスコイエン・コレクション等のガンダーラ語貝葉写本断簡は間違いなく専門の書写生による書写であること、また大乗経典に比べれば教団の伝統的な文献の写本は書体等からして比較的新しいことから、仏教聖典を組織的に書写して伝える営みは教団の伝統的な文献ではなく、大乗経典から始まったのではないかと推測する。大乗経典がその中でさかんに自経の書写を勧めているのも、この推定を支持する。

さて、このような事実から導き出せる可能性は、少なくとも二つある。一つは、大乗経典は単一の部派の出家者によって創作されたのではなく、部派を越えた出家者たちが複数関与して作りあげたという可能性である。もう一つは、単一の部派がある特定の大乗経典を創作したが、部派を越えて仏典の閲覧ができた可能性である。本庄［2011: 178-182］は、ある部派が他部派の三蔵すべてを利用することができたのではないかという推測に基づき、大乗仏典作成の論理的・教団的環境を考察している。

いずれをとるにせよ、やはりここで問題になるのが、出自、すなわち、その大乗経典の正統性の問題である。前者なら「人間（出家者）」の、また後者なら「資料（経や律）」のハイブリッドの産物が大乗経典ということになるから、何れの場合もハイブリッドであるがゆえに、経典の正統性という問題が惹起される。だからこそ、大乗経典（父）は経典自身の中でその正統性を読み手（子）に強調する必要があったのではないか。地としての伝統仏教を母とし、そこに図としての大乗経典を浮かびあがらせるためには、大乗経典に父としての役割を担わせる必要があったのである。

セム系の一神教に母の出番はない。あるのは父なる神だけである。この場合、父は一人だが、父から預かった言葉（預言）がそれぞれ異なるために、ユダヤ教・キリスト教・イスラム教の三兄弟が誕生した。一方、大乗経典の場合、母（伝統仏教）は同じだが、父が複数存在することで、複数の大乗経典という異父兄弟が誕生したと言えよう。この点もキリスト教と仏教との大きな違いである。

〈方広〉としての大乗経典

大乗経典の権威づけに関して、別の視点からも考察しておく。仏典が三蔵という範疇《はんちゅう》に分類され、そのうち経蔵はかつて九分教あるいは十二分教という形式で分類されていたことはすでに指摘したとおりである。さて大乗経典は、『大方広仏華厳経』に代表されるように、その経名に「方広」を冠するものがあり、大乗経典では「方広（方等）」が大乗と同義語で用いられているが、この語こそ十二分教の一支分なのである。水野［1972: 79–86］を参考にしながら、その内容を解説すると、つぎのとおり。

①契経《かいきょう》（sūtra/sutta）：散文からなる簡単な仏の説法
②祇夜《ぎや》（geya/geyya）：散文の内容をさらに韻文で述べる形式
③授記（vyākaraṇa/veyyākaraṇa）：問答体の解説的文章で、簡単なものを解説して詳細に述べたもの
④伽陀《かだ》（gāthā/gāthā）：韻文だけからなる文学形式
⑤自説《じせつ》（udāna/udāna）：主にブッダが感動すべき事柄に対して自発的に発したもの
⑥如是語《にょぜご》（ityuktaka, itivṛttaka/itivuttaka）：これには、ityuktaka と itivṛttaka の異なった二つの

解釈がある。前者は特別な定型句をともなった韻文と散文の混成形式のもの、後者は過去世の出来事を単に過去世のこととして物語るもの

⑦本生（jātaka/jātaka）：ブッダの前生物語

⑧方広（vaipulya/vedalla）：後説

⑨未曾有法《みぞうほう》（adbhutadharma/abbhutadhamma）：不思議な出来事について述べられた仏説

⑩因縁（nidāna/nidāna）：ある説法・偈《げ》・戒律の制定などが説かれるに至った因縁を語る序文的な物語

⑪譬喩（avadāna/apadāna）：一連の過去現在の物語で、仏弟子などの前生物語

⑫論議（upadeśa/upadesa）：略説に対する広説を意味し、詳細な注釈的説法のこと

（この中から、⑩―⑫を除いたものが九分教）

以上の説明からわかるように、九分教や十二分教は、ブッダが説いた教えを形式や内容から分類したものであるが、この中の第八番目に位置するのが「方広（方等）」だ。初期の段階でこの語が「大乗」を意味することはなかったが、時代の変遷とともに、その意味内容に変化が生じてきたようである。前田［1964a: 389-428］によりながら、この点を整理しておこう。原語は、Pāliではvedalla、Skt.ではvaipulyaであり、語形は似ているが語源は異なる。諸説あるが、前者はvedalla＝veda（智明）＋lla（〜ある）なので「智に関する」あるいは「智の」という形容詞（Pāli

の伝統説)、また後者はvaipulya＝vi＋pula(広大な)に由来する形容詞となる。これについて前田は三つの伝統的解釈をあげるが、それをまとめるとつぎのとおり。

(一)問答とそれにもとづく智慧と歓喜：ブッダゴーサの解釈
(二)広説(詳細な解説)：『大毘婆沙論』『成実論《じょうじつろん》』『出曜経《しゅつようきょう》』『入大乗論《にゅうだいじょうろん》』(ただし、小乗のvaipulyaが「文字の広説」であるのに対し、大乗のvaipulyaは「義の広説」)
(三)大乗：『大智度論』『涅槃経』『瑜伽論《ゆがろん》』『顕揚論《けんようろん》』『阿毘達磨集論』『雑集論』『順正理論《じゅんしょうりろん》』

(一)はさておき、(三)は(二)からの転用であり、その原因は大乗経典の発達とその権威づけが原因であると前田は指摘する。つまり、大乗経典が発達するとともに、それらを九分教、十二分教の中に編入し、仏説の法たる権威の刻印を与えようとしたが、そのさい、とくにvaipulyaに目をつけ、(二)の「文字の広説」から「義の広説」の意味に転釈し、大乗経典をこれに配属させることでその権威を確立しようとしたのではないかと推論する。たとえば、法華経は十二分教の「方広」「授記」「自説」の三つに相当するとしているし、大乗涅槃経は自らを「方広の阿含」と称していると言う。「拡大された／広大な」を意味する「方広(vaipulya)」は十二分教の中でもっとも大乗経典と親和性のある呼称であるから、大乗教徒はそこに目をつけ、大乗経典を十二分教の「方広」に位置づけることで仏説としての権威づけを行おうとしたものと考えられるのである。

なお十二分教に関連して、もう一つ前田の研究を紹介しておく。前田［1964b］は無量寿経が十二分教のavadāna形式にそって制作されていると指摘する。avadānaは「かつて／昔々（bhūtapūrvam/bhūtapubbam）」ではじまる類型的な表現形式をそなえ、「古来より伝承せられた、過去世で始まり、過去世で終わる過去世の物語」と定義できるが、無量寿経もアーナンダの質問に答えて、世自在王仏に至る過去仏の系譜を説明する冒頭がこのbhūtapūrvam（L-Sukh. 5.7）であり、これもvaipulyaと同様に、十二分教の権威を借りて新出の大乗経典を従来と同じ仏説とみなそうとした結果であるとする。

新約聖書には「ワイン」とそれを入れる「革袋」の有名な譬えがある。新しいワインを古い革袋に入れると、ワインは袋を破り、両方とも無駄になるので、イエスは「新しいワインを古い革袋に入れるな」、つまり、「新しいワインは新しい革袋に入れよ」と諭す。しかし、大乗経典の場合は、「仏説」という権威を保証するために、新たな思想であっても伝統的な古い形式に則って表現することが求められた。そういう意味では、「新しいワインを古い革袋に入れた」ことになる。

大乗仏教の誕生が意味するもの

仏教は本来、自ら修行して苦から解脱することを目指す宗教であった。苦から解脱した人を何と呼ぶかは大した問題ではなかったのかもしれない。初期経典でも古層の経典では、ブッダ以外の仏弟子も「仏」と呼ばれていたようだが、ブッダの死を契機に仏教は変容してしまう。繰り返しになるが、教祖の宿命として、ブッダは死後、神格化され、「唯一の存在」に祭りあげられ、Buddhaと言えば、ガウタマ・シッダールタその人だけを指し示す固有名詞となってしまい、三千大千世界において仏はブッダしかいないという主張さえも誕生した。

自分たちの教祖に対する敬慕の念から、遺された仏弟子がブッダを神格化するのも無理はないが、これにより、本来、仏教が持っていたダイナミズムは失われてしまった。極言すれば、仏教が釈迦牟尼教と化してしまったとも言える。伝統仏教は、とにかくブッダ至上主義である。このような情勢に違和感を持つ仏教徒たちが徐々に数を増し、仏教本来の姿を取りもどそうとしはじめたが、その彼らの理想こそ「誰でも仏になれる」という主張であった。

新たな主張といっても、まったく伝統を無視して理想を打ち立てることはできない。「誰でも仏になれる」を理想とするなら、その手本になるのは何をおいてもブッダであるから、彼らが仏伝に注目したのはごく自然なことである。そして、仏教の伝統にしたがえば、ブッダは覚りを開く前、すなわち仏になる前、菩薩として修行していたとするので、仏になるためにはまず菩薩になる必要がある。かくして、大乗経典では菩薩思想が主題となるのである。このように、伝統仏教では固有名詞化されていたブッダや菩薩を普通名詞化し、自ら菩薩となって、いつの日か仏になることを目指して修行に励むことになる。

そして、これもブッダの前例にしたがえば、菩薩になるためには仏に逢って誓願を立てる必要がある。このような要請から、死滅する「色身（生身）」に代わって「法身」という不滅の仏身が見出され、またそれに呼応して現在多仏の思想も芽ばえたことで、無仏と思われていた現世でも、仏に逢うことができるようになる。こうして死せる色身のブッダに「法」という新たな命が見出され、「法身」という不滅の身体を獲得することになった。これにより、菩薩や仏の普通名詞化が可能になったのである。

こう考えると、特殊なのは大乗仏教ではなく、むしろ仏滅後の伝統仏教の方だという見方も可能になってくる。一見すれば、現在他方仏や広大な宇宙観を説く大乗経典は我々の目には奇異に映るが、大乗経典を精読し、その内容を精査すれば、表現の仕方はともかく、その精神においては、覚って仏になることを目指した当初の姿に戻ろうとしたとも言えるのではないか。その意味で大乗仏教は原点回帰的性格を持つが、それは単なる復古主義的な原点回帰ではなく、死せるブッダをよみがえらせるという使命を担った原点回帰であったということになるだろう。

仏教の仏をガウタマ・シッダールタに限定して釈迦牟尼教にすると、教祖ブッダの純粋性や唯一性は確保されるが、本来のダイナミズムは失われてしまう。一方、仏教の仏を普通名詞と理解すれば、教祖ブッダの純粋性や唯一性は希薄化するが、仏教は変容のエネルギーを秘めたダイナミックな宗教であり続ける。仏教のダイナミズムを般若経の「空亦復空」に求めるなら、常に現状を否定し、その否定の先に新たな創造を目指すところに仏教の真骨頂がある。何事も固定化したとき、躍動的な命は失われる。仏教が仏教であるために、大乗仏教の誕生は必然であった。そしてその大乗仏教も固定化が始まったとき、仏教は死滅して過去の宗教となる。とすれば今、大乗仏教に代わる新たな仏教の出現が待たれているのかもしれない。この意味で、偽経（あるいは疑経）という汚名を着せられた中国撰述の経典も、再評価されるべきであろう。

大乗仏教の誕生は、仏教という宗教の行く末を暗示している。伝統仏教から脱皮して大乗仏教が誕生したが、それを正当な推移と見るなら、つぎに脱皮すべきは大乗仏教そのものである。仏教が過去の遺物ではなく、現代に生きる人間の苦しみと真に対峙する宗教であるなら、古くなった装いは潔く脱ぎ捨て、脱皮し続けなければならない。二千年前にインドで誕生した大乗仏教の装いが現代社会において古くなってしまったかどうかは即座に判断しかねるが、古くなってしまったのであれば、法性に叶い、苦の滅に資する新たな経典が生み出されなければならない。ブッダはさらなるよみがえりを待っている。

おわりに

本書を執筆中、私は大切な友人を病気で喪《うしな》った。急逝したのは、井上智之上人《しょうにん》（通称「ゴンさん」）、世寿五十七歳。死ぬにはまだ若い年齢だ。ブッダの教えにしたがえば、「諸行無常」であり、何歳で死ぬかは誰にもわからないが、あまりにも早い死、しかも急な死であった。大学院時代、ともに学んだ記憶はないが、よく遊んだことだけは鮮明に覚えている。笑いのセンスが私とピッタリで、他の人では絶対にわからない私の難解なボケに、間髪を容れずツッコミを入れてくれたのはゴンさんだけだった。博士課程修了後、私は研究者の、ゴンさんは浄土宗僧侶として布教師の道に進む。それ以降、頻繁に会うことはなかったが、心のどこかで互いに通じ合っている感覚はあった。

おかしなもので、ゴンさんを喪ってから、その存在を今まで以上に意識するようになる。〈色身〉が存在している間はゴンさんをそれほど強く意識したことはなかったし、実際に会うのは年に二、三回で、年賀状のやり取りをする程度だったが、亡くなってから、ゴンさんの〈法身〉が活発に私に語りかけるようになった。生前、ゴンさんが実際に語ったことよりも、生きていたらゴンさんが語ったであろう言葉（そして、語ってほしかった言葉）の方が私の頭に木霊《こだま》する。大乗経典って、こんな感じで創造されたのだろうか。実際に語った言葉は固定化されるが、語ったであろう言葉（語ってほしかった言葉）は想像という触媒を得て闊達《かったつ》に躍動する。

ゴンさんは在家の出身だが、佛教大学（学部と大学院）で仏教学（唯識《ゆいしき》を中心とする世親教学）を学び、のちに思うところあって出家すると、浄土宗の僧侶となった。最初にインドの仏教を学んだことが思考の核にあるせいか、浄土宗の僧侶となっても、法然浄土教を、日本仏教や鎌倉仏教という挟い枠に閉じこめるのではなく、インド（大乗）仏教という、より広い文脈の中で位置づけようとする姿勢を常に持っていた。

念仏だけで往生できるという法然の浄土教は、ともすれば特異な仏教の一形態とみなされがちだし、また浄土宗の僧侶の中には、法然浄土教のことしか勉強しない者や、念仏往生という易行《いぎょう》に胡座《あぐら》をかき、勉学を疎《おろそ》かにする者もいるが、彼らに対してゴンさんは批判的だった。しかし、たんに批判的だったわけではない。有為な浄土宗僧侶を育成しようと粉骨砕身し、勉強会や研修会を主催しては、自分自身もその課題と真剣に対峙し、また若い僧侶を鼓舞して同じ問題意識を持たしめ、勉学の道にも導き入れるなど、獅子奮迅《ししふんじん》、八面六臂《はちめんろっぴ》の活躍だった。

持ち前の明るいキャラもあるが、仏教および法然浄土教に対する直向《ひたむ》きなゴンさんの姿勢に、先輩・同輩・後輩を問わず大勢の僧侶が引きつけられた。否、むしろ、人生に迷い、真摯《しんし》に仏教と向き合おうとする大勢の在家の人々こそが、ゴンさんの魅力に吸い寄せられ、彼の口をつく言葉を渇望したのだ。年齢性別を問わず、どんな人とでも初対面の瞬間に、ある一定の距離まで相手の懐にスッと入り込み、しかも何ら違和感を感じさせなかったゴンさん。自分では絶対に否定すると思うが、まさに彼の姿こそ「菩薩」と呼ぶにふさわしい。

そんなゴンさんの姿を偲びつつ原稿を読み返してみると、不思議なことに気づいた。本書の目的は大乗経典を伝統仏教の仏伝という枠組みの中でとらえなおそうとするところにあるが、これってゴンさんの問題意識、つまり法然浄土教をインド（大乗）仏教の枠組みの中でとらえなおそうとするのと基本的な姿勢は同じではないか。結局、本書は私の独創で書いたのではなく、ゴンさんとの長いつきあいの中で、ゴンさんの問題意識が私に転移し、私の中で発酵し結実した結果と思えるようになってきたのである。

修行の合間に極楽浄土から天眼通を駆使して本書に目を通したとき、ゴンさんは何とコメントするだろう。「なんちゅうしょうもないことを書いてんにゃいなー！」と一喝するのか、あるいはおなじみの咳払いにつづき、「アッホなことを！」と、甲高い声でカラカラと笑いながら、作《さ》務衣《むえ》に身をつつんだ、布袋《ほてい》さんのような巨体を揺らすのか。いや、ゴンさんならもうとっくに極楽での修行を終え、三千大千世界、いや十方世界のどこかで利他行に邁進し、本書などに目を通している暇などないのかもしれない。できることなら生前に読んでほしかったし、感想も聞いてみたかったが、今となっては叶わぬ夢……。せめてゴンさんの霊前に本書を捧げたい。

さて最後になったが、本書ができあがった経緯に触れておく。二〇一二年に『法華経成立の新解釈』（大蔵出版）を研究書として上梓《じょうし》したあと、これを仏教に興味を持つ一般の人向けに平易に書き改め、一般書として出版してみたいという衝動に駆られた。そこで恩師の佛教大学教授・並川孝儀先生に相談すると、並川先生はすぐに知り合いの筑摩書房・伊藤大五郎氏を紹介してくださった。

その後、メールで連絡を取り、東京出張のさいに伊藤氏と直接お会いして自分の気持ちやアイデアを伝えると、「だったら、法華経だけでなく、大乗経典全般を視野に入れ、総合的に大乗経典を仏伝という視点から考察した方が面白いのでは」と伊藤氏は助言してくれた。こうして完成したのが本書である。伊藤氏を紹介してくださった並川先生、また私の申し出をうけいれてくれた伊藤氏に、この紙面を借りて甚深の謝意を表したい。ありがとうございました。

【俗名】井上智之【法名】權蓮社實譽上人聖阿愚鈍智之和尚【通称】ゴンさんに、本書を捧ぐ。

「ゴンさん、久しぶりにパンなと食べに行きまひょか？」

二〇一五年九月十五日（ゴンさんの娑婆世界での誕生日に）

平岡　聡

引用文献

荒牧典俊　1983. 「十地思想の成立と展開」／平川彰他（編）『講座・大乗仏教3：華厳思想』東京：春秋社、79–120.

池田練太郎　2010. 「仏教教団の展開」／奈良康明・下田正弘（編）『仏教の形成と展開（新アジア仏教史02　インドⅡ）』東京：佼成出版社、119–164.

伊藤瑞叡　2007. 『法華経成立論史：法華経成立の基礎的研究』京都：平楽寺書店.

井本勝幸　2000. 「法華経成立に関する私見」『法華学報』10, 71–350.

岩井昌悟　2012. 「今は無仏時代か有仏時代か？：仏の遺骨と生きている仏」『東洋学論叢』37, 51–78.

横超慧日　1936. 「法華経の一乗思想と仏伝」『東方学報』6, 431–474.

――――　1963 「法華経と仏伝：特に説時論を中心として」『印度学仏教学研究』11（1）、10–19.

――――　1969. 『法華思想』京都：平楽寺書店.

岡田行弘　2007. 「法華経における仏伝的要素」『法華文化研究』33, 153–165.

香川孝雄　1984. 『無量寿経の諸本対照研究』京都：永田文昌堂.

梶山雄一　1996. 「仏陀観の発展」『佛教大学総合研究所紀要』3, 5–46.

勝本華蓮　2011. 「菩薩と菩薩信仰」／高崎直道（監）『大乗仏教の実践（シリーズ大乗仏教3）』東京：春秋社、167–204.

――――　2005. 「菩薩になる条件と祈願：南伝と北伝の比較」『日本仏教学会年報』70, 97–109.

苅谷定彦　2009. 『法華経〈仏滅後〉の思想：法華経の解明（Ⅱ）』大阪：東方出版.

菅野博史　2001. 『法華経入門』東京：岩波書店.

岸本英夫　1973. 『死を見つめる心：ガンとたたかった十年』東京：講談社.

木村清孝　2007. 『新国訳大蔵経・インド撰述部・華厳部4』東京：大蔵出版.

小室直樹　2000.『日本人のための宗教原論：あなたを宗教はどう助けてくれるのか』東京：徳間書店.
三枝充悳　1971.『般若経の真理』東京：春秋社.
――――　1990.『仏教入門』東京：岩波書店.
桜部　建　1980.『大乗仏典9：宝積部経典』東京：中央公論社.
佐々木閑　2000.『インド仏教変移論：なぜ仏教は多様化したのか』東京：大蔵出版.
――――　2011.「大乗仏教起源論の展望」／高崎直道（監）『大乗仏教とは何か（シリーズ大乗仏教1）』東京：春秋社、73-112.
――――　2014.「大乗仏教の起源に関する諸問題」『仏教学セミナー』99, 23-51.
佐藤直実　2008.『蔵漢訳『阿閦仏国経』研究』東京：山喜房仏書林.
静谷正雄　1974.『初期大乗仏教の成立過程』京都：百華苑.
下田正弘　1997.『涅槃経の研究：大乗経典の研究方法試論』東京：春秋社.
――――　1999.「「梵天勧請」説話と『法華経』のブッダ観：仏教における真理の歴史性と超歴史性」『中央学術研究所紀要』28, 69-99.
――――　2004.「菩薩の仏教：ジャン・ナティエ著『ア・フュー・グッド・メン』に寄せて」『法華文化研究』30, 1-18.
――――　2011a.「経典研究の展開からみた大乗仏教」／高崎直道（監）『大乗仏教とは何か（シリーズ大乗仏教1）』東京：春秋社、39-71.
――――　2011b.「大乗仏教研究における漢語仏典研究の意義」／高崎直道（監）『大乗仏教とは何か（シリーズ大乗仏教1）』東京：春秋社、187-198.
――――　2013.「初期大乗経典のあらたな理解に向けて：大乗仏教起源再考」／高崎直道（監）『智慧／世界／ことば：大乗仏典I（シリーズ大乗仏教4）』東京：春秋社、3-100.
ショペン、グレゴリー（小谷信千代訳）2000.『大乗仏教興起時代　インドの僧院生活』東京：春秋社.
末木文美士　2009.『仏典をよむ：死からはじまる仏教史』東京：新潮社.

高崎直道　1983.「華厳思想の展開」／平川彰他（編）『講座・大乗仏教3：華厳思想』東京：春秋社、1-44.
竹内紹晃　1981.「仏陀観の変遷」／平川彰他（編）『講座・大乗仏教1：大乗仏教とは何か』東京：春秋社、153-181.
田村智淳　1980.『大乗仏典10：三昧王経Ⅰ』東京：中央公論社.
丹治昭義　1980.『大乗仏典7：維摩経・首楞厳三昧経』東京：中央公論社.
長尾雅人　1967.『世界の名著2：大乗仏典』東京：中央公論社.
―――　1980.『大乗仏典9：宝積部経典』東京：中央公論社.
中村　元　1988.『インド人の思惟方法：東洋人の思惟方法Ⅰ（中村元選集［決定版］第1巻）』東京：春秋社.
―――　1992a.『ゴータマ・ブッダⅠ（中村元選集［決定版］第11巻）』東京：春秋社.
―――　1992b.『ゴータマ・ブッダⅡ（中村元選集［決定版］第12巻）』東京：春秋社.
―――　1994.『原始仏教の思想Ⅱ（中村元選集［決定版］第16巻）』東京：春秋社.
中村元・三枝充悳　1996.『バウッダ：仏教』東京：小学館.
並川孝儀　2005.『ゴータマ・ブッダ考』東京：大蔵出版.
奈良康明　1973.「「真実語」について」『日本仏教学会年報』38, 19-38.
―――　1988.『釈尊との対話』東京：日本放送出版協会.
新田智通　2004.「パーリおよび有部文献における「法身」の語義について」『仏教研究』32, 211-231.
―――　2013.「大乗の仏の淵源」／高崎直道（監）『仏と浄土：大乗仏典Ⅱ（シリーズ大乗仏教5）』東京：春秋社、79-103.
馬場紀寿　2008.『上座部仏教の思想形成：ブッダからブッダゴーサへ』東京：春秋社.
―――　2010.「初期経典と実践」／奈良康明・下田正弘（編）『仏典からみた仏教世界（新アジア仏教史03　インドⅢ）』東京：佼成出版社、67-103.
林　純教　1994.『蔵文和訳・般舟三昧経』東京：大東出版社.
バルバロ、フェデリコ　1980.『聖書』東京：講談社.

平岡 聡 1993.「「悪心出仏身血」説話の伝承：デーヴァダッタ伝説と仏陀の宿業」『渡邊文麿博士追悼記念論集：原始仏教と大乗仏教（上）』（全2巻）京都：永田文昌堂、285–302.
―― 1999.「Mahāvastu の成立に関する一考察：小品系般若経所説の授記の定型句を手がかりとして」『印度学仏教学研究』47（2）、161-166.
―― 2002.『説話の考古学：インド仏教説話に秘められた思想』東京：大蔵出版.
―― 2003.「『雑阿含経』と説一切有部の律蔵」『印度学仏教学研究』51（2）、215–220.
―― 2007a/b.『ブッダが謎解く三世の物語：『ディヴィヤ・アヴァダーナ』全訳（全2巻）』東京：大蔵出版.
―― 2007c.「『増一阿含経』の成立解明に向けて（1）」『印度学仏教学研究』56（1）、212–219.
―― 2008.「『増一阿含経』の成立解明に向けて（2）」『印度学仏教学研究』57（1）、254–261.
―― 2010a/b.『ブッダの大いなる物語：梵文『マハーヴァストゥ』全訳（全2巻）』東京：大蔵出版.
―― 2010c.「仏伝からみえる世界」／奈良康明・下田正弘（編）『仏典からみた仏教世界（新アジア仏教史03 インドⅢ）』東京：佼成出版社 13–61.
―― 2012.『法華経成立の新解釈：仏伝として法華経を読み解く』東京：大蔵出版.
平川 彰 1983.「大乗仏教における法華経の位置」『講座・大乗仏教4：法華思想』東京：春秋社、1–45.
―― 1989.『初期大乗仏教の研究Ⅰ（平川彰著作集第3巻）』東京：春秋社.
―― 1990.『初期大乗仏教の研究Ⅱ（平川彰著作集第4巻）』東京：春秋社.
―― 1999.『律蔵の研究Ⅰ（平川彰著作集第9巻）』東京：春秋社.
藤田宏達 1957.「三乗の成立について：辟支仏起源考」『印度学仏教学研究』5（2）、91–100.
―― 1964.「在家阿羅漢論」『仏教思想史論集（結城教授頌寿記念）』東京：大蔵出版、51–74.
―― 1970.『原始浄土思想の研究』東京：岩波書店.
藤田祥道 2011.「大乗仏説論の一断面：『大乗荘厳経論』の視点から」／高崎直道（監）『大乗仏教とは何か（シリーズ大乗仏教1）』東京：春秋社、113–149.
船山 徹 2013.『仏典はどう漢訳されたのか：スートラが経典になるとき』東京：岩波書店.

堀内俊郎　2009.『世親の大乗仏説論：『釈軌論』第四章を中心に』東京：山喜房仏書林.

本庄良文　1989a.『梵文和訳　決定義経・註』京都：私家版.

――――　1989b.「阿毘達磨仏説論と大乗仏説論：法性、隠没経、密意」『印度学仏教学研究』38（1）、59-64.

――――　1991.「毘婆沙師の三蔵観と億耳アヴァダーナ」『仏教論叢』35, 20-23.

――――　2011.「アビダルマ仏教と大乗仏教」／高崎直道（監）『大乗仏教の誕生（シリーズ大乗仏教2）』東京：春秋社、173-204.

前田　惠学　1964a.『原始仏教聖典の成立史的研究』東京：山喜房仏書林.

――――　1964b.「無量寿経のアヴァダーナ的性格」『仏教思想史論集（結城教授頌寿記念）』東京：大蔵出版、111-122.

松田和信　1988.『インド省図書館所中央アジア出土大乗涅槃経梵文断簡集：スタイン・ヘルンレ・コレクション』東京：東洋文庫.

――――　2011.「アフガニスタン写本からみた大乗仏教：大乗仏教資料論に代えて」／高崎直道（監）『大乗仏教とは何か（シリーズ大乗仏教1）』東京：春秋社、151-184.

松田和信・浅野守信　1997.「4　宝積部」／勝崎裕彦他（編著）『大乗経典解説事典』東京：北辰堂、151-170.

水野弘元　1953.「菩薩十地説の発展について」『印度学仏教学研究』1（2）、63-68.

――――　1972.『仏教要語の基礎知識』東京：春秋社.

宮治　昭　2010.『インド仏教美術史論』東京：中央公論美術出版.

山口　益　1973.「仏身観の思想的展開」『仏教学セミナー』17, 1-14.

山田龍城　1959.『大乗仏教成立論序説』京都：平楽寺書店.

渡辺章悟　2010.「大乗教団のなぞ」／奈良康明・下田正弘（編）『仏教の形成と展開（新アジア仏教史02　インドⅡ）』東京：佼成出版社、171-202.

――――　2011.「大乗仏典における法滅と授記の役割：般若経を中心として」／高崎直道（監）『大乗仏教の誕生（シリーズ大乗仏教2）』東京：春秋社、73-108.

Baums, S. 2002. "Jyotiṣkāvadāna," *Manuscripts in the Schøyen Collection · III: Buddhist Manuscripts*, vol. 2, General Editor: J. Braarvig, Oslo: Hermes Publishing, 287–302.

Bechert, H. 1976. "Buddha-Feld und Verdienstübertragung: Mahāyāna-Ideen im Theravāda-Buddhismus Ceylons," in *Académie Royale de Belgique, Bulletin de la classe des lettres et des sciences morales et politiques*, 5e série, vol. 52, 27–51.

Chung, J. 2008. *A Survey of the Sanskrit Fragments Corresponding to the Chinese Saṃyuktāgama*, Tokyo: The Sankibo Press.

Chung, J. & Fukita, T. 2011. *A Survey of the Sanskrit Fragments Corresponding to the Chinese Madhyamakāgama: Including References to Sanskrit Parallels, Citations, Numerical Categories of Doctrinal Concepts, and Stock Phrases*, Tokyo: The Sankibo Press.

Clarke, S. 2014. *Family Matters in Indian Buddhist Monasticisms*, Honolulu: Univ. of Hawai'i Press.

Cole, A. 2005. *Text as Father: Paternal Seductions in Early Mahāyāna Buddhist Literature*, Berkeley: Univ. of California Press.

Ebert, J. 1985. *Parinirvāṇa: Untersuchungen zur ikonographischen Entwicklung von den indischen Anfängen bis nach China*, Publikation der Abteilung Kunsthistorisches Institut der Universität Köln, Band 5, Stuttgart.

Harrison, P. 1990. *The Samādhi of Direct Encounter with the Buddhas of the Present: An Annotated English Translation of the Tibetan Version of the Pratyutpanna-Buddha-Saṃmukhāvasthita-Samādhi-Sūtra* (Studia Philologica Monograph Series V), Tokyo: The International Institute for Buddhist Studies.

——— 1992. "Is the Dharma-kāya the Real 'Phantom Body' of the Buddha?," *The Journal of the*

International Association of Buddhist Studies 15 (1), 44–94.

von Hinüber, O. 1982. "Pāli as Artificial Language," *Indologica Taurinensia* 10, 133–140.

——— 1989. "Origin and Varieties of Buddhist Sanskrit," in *Dialectes dans les littératures indo-aryennes*, Paris: Collège de France, 341–367.

——— 2000. *A Handbook of Pāli Literature* (Indian Philology and South Asian Studies, vol. 2), Berlin: Walter de Gruyter.

Hiraoka, S. 2000. "The Sectarian Affiliation of Two Chinese *Saṃyuktāgamas*," *Journal of Indian and Buddhist Studies* (*Indogakubukkyōgaku kenkyū*), 49 (1), 1–7.

——— 2013. "The Sectarian Affiliation of the Chinese *Ekottarāgama*," in *Research on the Ekottarika-āgama* (*Taishō 125*) (Dharma Drum Buddhist College Research Series 6), Taipei: Dharma Drum Publishing Corporation, 71–105.

Karashima, S. 2000. "A Fragment of the Prātimokṣa-Vibhaṅga of the Mahāsāṃghika-Lokottaravādins," in *Manuscripts in the Schøyen Collection・I: Buddhist Manuscripts*, vol. 1, General Editor: J. Braarvig, Oslo: Hermes Publishing, 233–241.

——— 2002. "Two More Folios of the Prātimokṣa-Vibhaṅga of the Mahāsāṃghika-Lokottaravādins," in *Manuscripts in the Schøyen Collection・II: Buddhist Manuscripts*, vol. 2, General Editor: J. Braarvig, Oslo: Hermes Publishing, 215–228.

——— 2006. "The Prātimokṣa-Vibhaṅga of the Mahāsāṃghika-Lokottaravādins in Early Western Gupta Script," in *Manuscripts in the Schøyen Collection・III: Buddhist Manuscripts*, vol. 3, General Editor: J. Braarvig, Oslo: Hermes Publishing, 161–176.

Lamotte, E. 1975. *La concentration de la marche héroïque: Śūraṃgamasamādhisūtra* (Mélanges chinois et Bouddhiques, vol. xiii), Bruxelles: Institut belge des hautes études chinoises.

MacQueen, G. 1981–82. "Inspired Speech in Early Mahāyāna Buddhism 1," *Religion* 11, 303–319; ibid. 2,

Religion 12, 49–65.

Metzger, B. 1987. *The Canon of the New Testament: Its Origin, Development, and Significance*, Oxford: Clarendon Press (Reprint: 1988).

Mus, P. 1932–34. "Les origines du stūpa et la transmigration: Essai d'archéologie religieuse comparée," *Bulletin de l'École Française d'Extrême-Orient* 32, 1932, 269–439; 33, 1933, 577–980; 34, 1934, 175–400.

Nattier, J. 1991. *Once upon a Future Time: Studies in a Buddhist Prophecy of Decline*, Fremont: Asian Humanities Press.

——— 2003. *A Few Good Men: The Bodhisattva Path according to the Inquiry of Ugra* (*Ugraparipṛcchā*), Honolulu: Univ. of Hawai'i Press.

Norman, K. R. 1983. *Pāli Literature: Including the Canonical Literature in Prakrit and Sanskrit of All the Hīnayāna Schools of Buddhism*, Wiesbaden: Otto Harrassowitz.

Schopen, G. 1975. "*The Phrase* sa pṛthivīpradeśa caityabhūto bhavet *in the* Vajracchedikā: *Notes on the Cult of the Book in Mahāyāna*," *Indo-Iranian Journal* 17, 147–181.

——— 1987. "Burial *Ad Sanctos* and the Physical Presence of the Buddha in Early Indian Buddhism: A Study in the Archaeology of Religion," *Religion* 17, 193–225.

——— 1990. "The Buddha as an Owner of Property and Permanent Resident in Medieval Indian Monasteries," *Journal of Indian Philosophy* 18, 181–217.

Silk, J. 1994. *The Origins and Early History of the* Mahāratnakūṭa *Tradition of Mahāyāna Buddhism, With a Study of the* Ratnarāśisūtra *and Related Materials* (Dissertation: Univ. of Michigan).

Snodgrass, A. 1985. *The Symbolism of the Stūpa*, New York: Ithaca, 1985.

Strong, J. 2001. *The Buddha: A Short Biography*, Oxford: Oneworld.

——— 2004. *Relics of the Buddha*, New Jersey: Princeton Univ. Press.

平岡聡（ひらおか・さとし）

一九六〇年京都市生まれ。佛教大学文学部仏教学科卒業。ミシガン大学アジア言語文学科留学。佛教大学大学院文学研究科博士課程満期退学。京都文教大学教授を経て、現在、京都文教大学学長。著書に『説話の考古学』『ブッダの大いなる物語』『法華経成立の新解釈』（以上、大蔵出版）などがある。

連絡先　〒611―0041　宇治市槇島町千足80
　京都文教大学

e-mail　hiraoka@po.kbu.ac.jp

筑摩選書 0122

大乗《だいじょう》経典《きょうてん》の誕生《たんじょう》　仏伝《ぶつでん》の再解釈《さいかいしゃく》でよみがえるブッダ

二〇一五年一〇月一五日　初版第一刷発行

著　者　平岡聡《ひらおかさとし》

発行者　山野浩一

発行所　株式会社筑摩書房
東京都台東区蔵前二-五-三　郵便番号　一一一-八七五五
振替　〇〇一六〇-八-四一二三

装幀者　神田昇和

印刷 製本　中央精版印刷株式会社

乱丁・落丁本の場合は左記宛にご送付ください。

送料小社負担でお取り替えいたします。

ご注文、お問い合わせも左記へお願いいたします。

筑摩書房サービスセンター
さいたま市北区櫛引町二-六〇四　〒三三一-八五〇七　電話　〇四八-六五一-〇〇五三

 ISBN978-4-480-01628-7 C0315